内藤誼人
YOSHIHITO NAITO
心理学者
立正大学客員教授

Everybody, be Millionaire!

億万長者のすごい！習慣

資産・年収1億円の人に学ぶ
「勝ち組」の心理戦術

廣済堂出版

まえがき

人は、千差万別とか十人十色などと言われるが、決してそんなことはない。**お金を稼ぐ人には、共通して見られる「特徴」がある。**お金を稼ぐ人というのは、本当に驚くほど「似通って」いる。逆に言えば、お金を稼ぐことができない人も、やはりお金を稼ぐことができない点でどこか似ているのだが。

本書は、お金を稼ぐ人には、どんな特徴があるのかを心理分析していく。本書をお読みいただければ、

「なるほど、だから自分はお金が残らないのか」
「株や宝くじなんてやらなくとも、お金はどんどん貯められるんだ」
「こういうふうに生活を改めるのが、お金持ちになるためのポイントだな」

ということをご理解いただけるであろう。

ちなみに、本書のタイトルには、「億万長者」という言葉が入っている。これを見て、「億万長者なんて、とてもムリ」と思われるかもしれないが、これは誇張でもウソでも何でもない。

基本的には、**〝だれでも〟1億円くらいなら稼げる**のである。別に起業家や投資家になろうとしなくとも、ごく普通のサラリーマンでさえ、1億円を稼ぐのは、そんなに難しいことではないのだ。

統計を見れば、それはあきらかである。今、サラリーマンの生涯年収は約2億円。普通に仕事をしていれば、だれでも2億円くらいは稼ぎ出せるということである。

「なあんだ、でもそれって、40年も50年もかかって稼ぐお金でしょ」と思わないでほしい。時間はかかるかもしれないが、塵《ちり》も積もれば山となる、という言葉もある通り、お金持ちになりたいのなら、一獲千金を狙うようではダメなのだ。

実際、本書の中でおいおい述べていくが、お金持ちになるような人ほど、短期的な視点でなく、長期的な視点で行動する人が多いものである。

私は心理学者であるが、心理学という学問は、人間の「タイプ分け」をするのが主な研究である。

まえがき

どういう人ほど病気になりやすいのか、どういう人ほど犯罪者になりやすいのか、どういう人ほど政治家やリーダーになりやすいのか、といったことを心理学では研究しているわけだが、その中には、当然、「どういう人ほどお金持ちになりやすいのか」も入ってくる。

私は、本書の執筆にあたって、「年収」「給料」「賃金」「報酬」「昇進」「昇給」「出世」といったキーワードをもとにして、とにかく片っぱしから心理学の論文を収集した。そこから得られたエッセンスを、これからみなさんにご紹介していくつもりだ。

本書を手に取っていただいたということは、少なからず、「お金を稼げるようになりたいな」と心のどこかで願っているのではないかと思う。そんなみなさんの願いを叶えるために、ぜひ本書を参考にしてほしい。

お金持ちが共通してやっていることをご自分でも参考にしていただき、ぜひ「お金持ち」の仲間入りを果たしていただければ幸いだ。

億万長者のすごい！習慣

目次

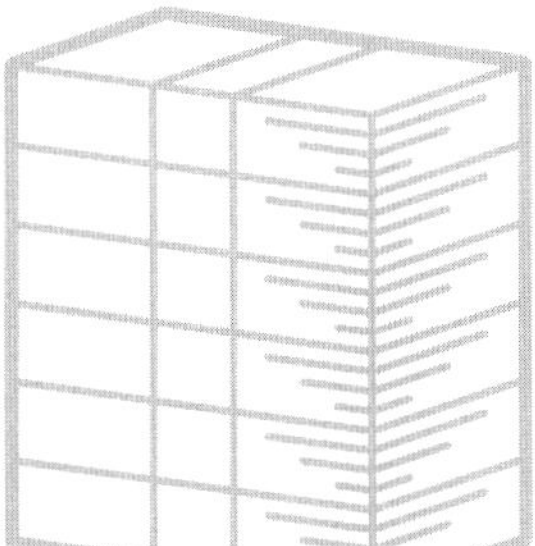

まえがき……1

CHAPTER 1
だれも教えてくれなかった！
お金が増える富裕層たちの秘密の生活習慣

お金を使わないのが、最高の貯蓄法……16
お金持ちほど、神社に行くのはなぜか……19
お金持ちになりたいなら、簡単に転職をするな……22
お金を大切に扱うと、お金持ちになれる……25
お金を嫌悪していたら、お金は絶対に貯まらない……28
お金持ちになる人は、みな掃除が大好き！……31
自分の成功を疑わない人が大金持ちになれる……34
「ブルーオーシャン戦略」で、お金持ちになる方法……37

所有欲がない人ほど、お金持ちになれる理由……40
衝動買いをしていたら、お金はいつまでも貯まらない……43
お金持ちになれる人の知られざる「特徴」……46
「勉強」は、ハズレのない確実な「投資」になる……49
COLUMN 「ズルい人ほど出世する」は本当か？……53

CHAPTER 2 知らない人はソンをする！

お金持ちが、どんどんお金持ちになってしまう理由

お酒を飲む人は、お金持ちになれる!?……56
お金持ちにデブがいないのはなぜか？……59
肥満者は、「賃金ペナルティ」を受けてしまうから注意！……62
体重の重い人がお金持ちになれない本当の理由……65

お金持ちになるための「自尊心」の高め方……68

「顔だちのよさ」と「お金持ちのなりやすさ」は比例する……71

美容手術を受けるだけで、収入は高くなる……74

見た目の美しさのプレミアムは、収入のプレミアムにもなる……77

中年だからこそ、見た目をよくする必要がある……80

自分を好きになれば、どんな仕事もうまくいく……83

自尊心の高い人は、逆境にも強くなれる……86

COLUMN 背が高い人ほど、たくさん稼ぐことができるのはどうしてか……89

CHAPTER 3 富豪たちの流儀を大解剖！

お金持ちは、どんなことに気をつけて生活しているのか？

お金持ちになれるかどうかは、「ツイッター」で一目瞭然！……92

ハッピーだから成功するのか、成功しているからハッピーなのか……95
毎日、陽気に暮らすほど、お金持ちに近づいていく……98
積極的に行動できる人ほど、お金持ちになれる……101
上機嫌で仕事をすれば、お金は自然と増えていく……104
お金持ちの多くは既婚者で、離婚もしない……107
株をやるなら、「のんびり長期で」が鉄則……110
ストレスはいつでも〝ゼロ〟に保つことが重要……113
底抜けの明るさを持つことは、お金を稼ぐのに役立つ……116
COLUMN お金を使うときに注意しておきたいこと……119

CHAPTER 4

高額所得者の成功法則に学べ！

お金持ちたちが心がけている「人間関係」

コネ作りの上手な人がお金持ちになれる……122

だれに対しても愛想よく接する人が成功する……125

ごく普通に「給料を上げてほしい」とお願いしてみろ……128

お金持ちは「メンター」によって、力を引き出してもらっている……131

富裕層たちは、いつでも感情が一定に安定している……134

出世して年収を増やしたいなら、「カメレオン人間」になれ……138

「かわいげのある人間」だけが、お金持ちになれる……141

よい上司とめぐり合った人ほど、収入は高くなる……144

仕事「以外」の努力が、意外にモノを言う……147

上司とランチを食べる人はお金が稼げる……150

お金持ちになりたいなら、無償で人のために骨を折れ……153

COLUMN 「人嫌いは成功しない」はウソである……156

CHAPTER 5 お金が自然と集まってくる！

資産家だけが知っている最強の仕事術

数学の勉強をすれば、それが収入増につながる……160
資産家になりたいなら、労働時間などあってないようなものと心得よ……163
お金を稼いでいる人は、だれよりもがむしゃらに働いている人……166
いい意味で、「諦めの悪い人間」になろう……169
「絶対にお金持ちになってやる」という強烈な意欲を持て……172
「私にはできる」という強い確信を持つことが大切……175
現状に満足しないヤツほど、大金持ちになれる……178
根性とガッツがある人だけが高給を手にできる理由……181

「精神的な打たれ強さ」を鍛えよう！……184
競争に勝ちたいという意欲を持っている人は高収入……187
「成功体験」がなくても、仕事で成功することは可能……190
COLUMN 儲けたいなら、ひとつのことに集中せよ……193

CHAPTER 6 「その他大勢」から一歩抜け出せ！

絶対にお金持ちになるための心理法則

お金持ちになりたいなら、「記録」をとれ……196
「時間の無駄遣い」だけは絶対にするな……199
「稼げる職業」と「稼げない職業」では、収入はこんなに違う……202
「新しいやり方」や発想を大歓迎する姿勢が大切……205
上に這《は》い上がっていけるかどうかは、自分次第と心得よ……208

できるだけ具体的に金持ちになる「設計図」を描く……211
悩みや問題を感じることが、ビジネスチャンスを生み出す……214
「頭のよさ」より、「粘り強さ」を鍛えろ!……217
COLUMN 「100%確実な金脈」はどこにあるのか?……220
あとがき……223
参考文献……226

CHAPTER 1

だれも教えてくれなかった！ お金が増える 富裕層たちの秘密の生活習慣

お金を使わないのが、最高の貯蓄法

芸能人のお宅訪問といったテレビ番組を見ていると、豪華なシャンデリアが天井から吊るされていたり、高額な絵画が壁にかけられていたりする。しかし、こういう生活をしているのがお金持ちなのだなと思い込んでしまうのは大間違いだ。

実のところ、**お金持ちは、基本的にお金を使わない。**

お金を使わないから、彼らはお金持ちになれるのである。

お金が貯まる人かどうかは、家の中を見せてもらえればすぐにわかる。お金が貯まる人は、家の中がものすごくシンプルなのである。無駄な買い物をしないから、物が少ない。物が少ないから、家具も少なくてすむ。そのため、ものすごくスッキリしていて、拍子抜けするほどである。

アメリカの富裕者研究の第一人者であるトマス・J・スタンリーも、『なぜ、この人たちは金持ちになったのか』（日本経済新聞社）で、お金持ちほどお金を使わないことを指摘している。

お金持ちは、高級な外車を乗りまわしたりはしないし、クルーザーを所有することもない。何百足もの靴を買ったりもしない。スタンリーの調査によると、70％のお金持ちは、古い靴をいつまでもはきつづけている。定期的に底革の張替や修理をするだけだというのだ。また、新しい家具も買わない。48％は昔買った家具を、いつまでも使いつづけているのだという。

「あれえ？　なんかイメージが違うんだけど……」

と思われるかもしれない。だが、それは、テレビの影響だ。

普通の庶民と変わらない生活を送っているお金持ちの生活などを紹介したところで、映像的に面白くもなんともない。これではテレビの番組が成り立たないので、あえて「例外的なお金持ち」を取り上げているのである。私たちは、それを見て、勝手にお金持ちのイメージを作り上げているだけなのだ。

本当のところ、お金持ちほど、お金は使わない。

いくらお金を稼いでも、それをバンバン使っていたら、ただ「稼ぎが多い」というだけで、お金持ちではない。**お金持ちは、いつまでも「お金を持ちつづける」から、お金持ちなのである。**

お金が貯まる人は、そんなにお金を必要としていないので、お金の存在すら忘れていることも多い。郵便局に、20年前に預けた定額貯金がそのままになっているような人ほど、お金持ちになりやすいといえる。

「派手な生活がしたい」という人は、残念ながら、お金持ちにはなれない。お金というものは、当たり前のことだが「使ったら、なくなる」のであり、「使わなければ、貯まっていく」ものなのだ。

お金持ちほど、神社に行くのはなぜか

お金持ちになるような人は、とても合理的で、実利主義者だというイメージを持たれている。しかし、このイメージも間違っている。

お金持ちは、とても信心深いのである。

経営の神様と呼ばれた松下幸之助さんは、神社仏閣への寄付に大変熱心だった。病気のときに通った浅草寺《せんそうじ》には、お礼にと、あの有名な雷門と雷門にかかる大提灯を寄付したりしている。

どんな業種でも、成功している人は、たいてい信心深く、しょっちゅう神社にも参拝している。

『成功している人は、なぜ神社に行くのか？』（八木龍平著、サンマーク出版）という、そのものズバリのタイトルの本さえある。八木さんによると、歴史上の人物でも天下をとるような人たちは、みな共通して信心深かったそうである。平清盛は厳島《いつくしま》神社、源頼朝は箱根神社と伊豆山《いずさん》神社、豊臣秀吉は日吉《ひえ》大社を敬っていた、という具合だ。

「なあんだ、神頼みか」とバカにしてはいけない。

だれでも生きていく上では、不安や悩みをなくすことはできない。

ところが、宗教というものは、そういった不安や悩みを軽減してくれるのである。また、悩んでいる自分を勇気づけたりしてくれるのである。

トマス・J・スタンリーは、『1億円貯める方法をお金持ち1371人に聞きました』（文響社）の中で、お金持ちがみな信心深いという共通点を持っていることを指摘し、37％は仕事での重大な決定に伴う不安を信仰の力で軽減しているという調査報告をしている。

神社仏閣に参拝すると、「さあ、これで自分は大丈夫！」と心がスッキリと晴れやかになる。そのことが、仕事上でも有利に働くことは言うまでもない。

最近の人たちは、神さまの存在をあまり信じていないようであるが、これはあまりよくない傾向だ。

「神さまは、ちゃんと存在して自分を見守ってくれている」と思えばこそ、人は迷わずに仕事に精を出すことができる。「神さまなんていないよ」と考えている人は、仕事や健康、人生にまつわる諸々の不安を軽減できる、という大きなメリットを享受することはできない。

神さまが本当に存在するのかどうかなどはだれにもわからないのだが、**時間のあるときには、ぜひ神社仏閣に足を運んでほしい。**たいていそういう場所は、とても落ち着いた場所にあるのが普通であり、そういう場所に出向くだけでも、心は非常に晴れやかになるものだからである。

お金持ちになりたいなら、簡単に転職をするな

仕事に不満があると、すぐに仕事をやめてしまう人が増えている。昔に比べて転職しやすくなったという時代背景もあると思うのだが、これはあまり望ましいことではない。「七五三現象」という言葉がある。新卒で就職した人のうち、中卒で7割、高卒で5割、大卒で3割が、入社3年以内にやめてしまうという現象を表した言葉だ。内閣府が発表した平成19年度の「青少年の現状と課題」（青年白書）で報告されてから、広く知られるようになった。

たしかに、サラリーマンから脱サラして起業家になり、大金持ちになった人の話はよく聞く。

しかし、ごく普通の平均的な読者のみなさんには、独立起業家を目指すことはあまりオススメできない。なぜなら、**起業家になって成功するよりも、今の会社でずっと勤めつづけたほうが、確実にお金は貯まるもの**だからである。

お金というのは、転職しなければ、自然に貯まっていく。

なぜかというと、どんなに不器用な人でも、同じ仕事をずっとやりつづけていれば、それなりに仕事のやり方も覚えていくからだ。つまりは、仕事の経験値がどんどんアップしていくのである。仕事の経験値がアップすれば、当然、収入もそれに比例して上がっていくことは言うまでもない。

インディアナ大学のジョージ・ドレハーは、大学の卒業生を追跡調査して、卒業後の収入の増加と昇進の回数を調べてみたことがあるのだが、同じ会社での「勤続年数」が長くなればなるほど、「収入も昇進回数も増える」ことがあきらかにされた。

単純に言って、**「転職しなければ、もらえるお金は増える」**のである。

たしかに入社してからでないとわからないことはたくさんあるし、入社してから「なんだか想像していた仕事と違うなあ」と思うこともあるであろう。

けれども、やすやすと転職するのはやめたほうがいい。なぜかというと、転職をくり返していると、確実に収入は減っていくからである。

もちろん、転職することによって、給料が少しくらい減ったとしても、本当に自分にやりたいことをきちんとやらせてくれる会社があるのなら、転職するのもいい。けれども、そうでないのなら、今の職場に勤めつづけたほうが将来的にはお金は残せる。

終身雇用制が崩壊したとはいえ、日本の企業の多くは、勤続年数が長くなればなるほど、年収は増えていくのが普通である。少しくらい仕事のスキルが足りなくとも、年齢が上がっていけば、自然に収入も増えていく。

同じ会社に勤めつづけていて、年齢も上がっているのに、給料は下がっていく、という話は聞いたことがない。**同じ仕事をつづけたほうが、確実にお金持ちになれる**のである。

お金を大切に扱うと、お金持ちになれる

お金持ちは、たくさんのお金を持っている。では、たくさんお金があるのだからと、お金を軽々しく扱うのかというと、そうではない。むしろ、逆である。**お金持ちほど、お金をとても大切に扱う**。

昔の商売人は、お金を布でピカピカに磨いたといわれるが、それくらいお金を大切にしていた。現代でも、お金持ちになるような人ほど、折りまがった紙幣はきれいに伸ばし、きちんとお札の顔が統一するようにして財布にしまう。一円玉でさえ、おろそかには扱わない。

お金を稼ぐことができない人は、ヨレヨレの紙幣でも気にしない。お札の顔の向きなど、どうでもいいと考えている。お金を払うときには、硬貨を受け皿に放り投げたりする。扱いがとても乱暴で、雑なのだ。

もしお金に人格があれば、自分を大切に扱ってくれる人のところに行きたいと思うであろう。自分のことを軽々しく扱うような人のところには、なるべく行きたくないと思うであろう。

実際、**お金を大切に扱えば扱うほど、そういう人のところにはお金がどんどん集まってくる。**「お金は、ただのお金なんだから、そんなことはない」と思われるかもしれないが、これは本当である。

ロバート・グリスウォルドの『一流の人に学ぶお金の引き寄せ方』（かんき出版）によると、お金持ちほど、お金を丁寧に、下にも置かないように扱うのだそうである。

お金にたくさん集まってもらいたいのなら、つまりお金を自分のところに引き寄せたいのであれば、お金の扱い方にも気を配るようにしたい。

植物に向かって、「お前はキレイだね」「きょうもカワイイ花を咲かせてくれたね」などと声をかけていると、葉っぱがツヤツヤしてくるという。植物もまるで人格があるように、私たちに反応するのである。心理学では、これを**「バクスター効果」**と呼んでいる。アメリカ警察の検査官であり、嘘発見器の専門家であるクレーブ・バクスターにちなんだ用語である。

また、水に向かって声をかけると、おいしい水になるともいわれている。お酒を造るときにも、歌を歌いながら作業をすると、お酒も喜ぶのか、まろやかな味になるそうである。まるで植物や水にも人格があるようだが、同じようなことはお金にも言えるのかもしれない。残念なことに、お金を対象にした実験や研究は今のところなされていないようであるが。

「お金はただのお金で、単なる物質にすぎない」という冷たい考えをしていたら、お金のほうも、そういう人のところにはあまり近寄りたくないと思うのではないだろうか。

お金を大切に扱うことは、そんなに難しくはない。普段から大切に扱うようにすれば、それが習慣となって、特別な意識など持たなくとも、大切に扱えるようになる。お金持ちになりたいのであれば、まずはお金の扱い方を変えて、今まで以上に大切に扱うようにするとよいだろう。

お金を嫌悪していたら、お金は絶対に貯まらない

「お金持ちなんて、どうせ悪いことをしているに決まっているさ」
「お金を稼ぐためには、人生のいろいろなものを犠牲にしなければならない」
「お金は、みんなに触られて汚いものだから、触ったら手を洗わないと」

世の中には、お金を稼ぐことに対して、生理的な嫌悪感を示す人もいる。

残念ながら、そういう人も、お金持ちにはなれない。なぜなら、本人自身がお金を稼ぐことを心のどこかで拒否しているからだ。**お金に対して嫌悪感を持っていたら、お金を稼げるわけがない**。なにしろ、本人がお金を集めたくはないのだから。

昔のヨーロッパでは、お金を扱うことは汚い職業だと思われていた。日本でもそうで、江戸時代には、お金を扱う商人は、「士農工商」という身分制度の一番下に置かれていたことからも、それはわかる。

時代は変わったが、今でもお金に対して、不快感や嫌悪感を持つ人は少なくない。

ある投資教育を実践している教師が全国の中学校や高校をまわるたびに「お金ってきれいなものですか？　それとも汚いものですか？」という質問をすると、約５００人の生徒のうち８割弱が「汚い」と答えたそうである（『日本経済新聞』電子版２０１３年２月８日付）。

本人にそのような意識がなくとも、**心の奥底でお金を嫌悪していたら、それが〝暗示効果〟になって、お金を稼げるようにはならないであろう。**嫌いなものをたくさん集めようと思わないのが普通だからだ。

「お金を稼いでいる奴は、絶対に悪いことをしている。良いことをしている人は、お金なんて稼ぐことはできない」と潜在意識で考えている人は、お金を稼ぐことを無意識のうちに拒否してしまう。

仕事の手を抜いたり、わざとビジネスチャンスをフイにすることで、お金を稼ぐことを拒否するのだ。本人に、そういう意識がなくとも、そういう行動をとってしまうのである。これが暗示の怖さだ。

ドイツにあるブレーメン国際大学のイェンス・フォルスターは、髪の毛の色がさまざまな女性80人を集めて知能テストを受けさせてみたのだが、そのうちの40人には、事前に「金髪女性はバカだ」という文章を読ませておいた。すると、なんということか、この文章を読んだ金髪女性は、ＩＱがかなり低い結果になったのである。

ちょっとした暗示でも、私たちの意識や行動には、大きな影響を与えてしまう。

お金持ちになりたいなら、当然ながら、「お金を稼ぐこと」に対して、ポジティブな考えを持っていなければならない。一生懸命に働くことは良いことなのであって、その結果として、お金をたくさん稼ぐのも、当然、良いことなのだ、と信じていなければ、お金持ちにはなれないのである。

「ズルいヤツほど、お金を稼ぐものだ」という信念を持っていたりすると、あえてお金を稼がないことで、「私はズルい人間ではない」ということを証明しようとしてしまうところが人間にはある。そう考えると、**お金に対してポジティブな信念を持つことが、まず何よりも大切**だといえるであろう。

お金持ちになる人は、みな掃除が大好き！

職人さんは、一日の仕事の終わりに、必ず工具類をきちんともとの場所に戻す。一流の職人さんで、その辺に大切な商売道具を適当に放り出しておくような人はいない。一流の料理人もそうだ。一日の終わりにはすべての食器や包丁などをピカピカに磨きあげる。

お金持ちになる人は、基本的にきれい好きという特徴がある。

イエローハットの創業者、鍵山秀三郎さんの書いた『掃除道』（ＰＨＰ研究所）という本がある。

鍵山さんは、トイレ掃除をすると、トイレ内には清々しい「気」がみなぎり、自分自身もさっぱりとした気分になれると述べ、トイレ掃除には5つものメリットがあると指摘している。①謙虚な人になれる、②気づく人になれる、③感動の心をはぐくむ、④感謝の心が芽生える、⑤心を磨く、の5つだ。

財テク芸能人の松居一代さんも、やはりきれい好きである。「汚いところにはお金が寄りつかない」という教えを小さな頃から受けていたそうで、ご両親は家をなめるように掃除をしていたという。そのため、自身も家の掃除をして運気アップをしているそうだ（『週刊朝日』２０１５年1月30日号）。

きれい好きで、整理整頓が好きな人は、だれに対してもよい印象を与える。

汚いところや、汚い人を好きな人はいない。たとえば自分のデスク周りを汚いままにしておく人は、「悪く評価」されるのであり、きれいにしている人は「好ましく評価」されるのである。

マイアミ大学のアラン・シャーマによると、きれいに清掃されているお店と、汚いお店では、同一の商品を並べていても、まったく売行きが異なることをあきらかにしている。また、その店舗で働く従業員についても、きれいなお店のほうが、信頼されやすくなるという結果も得ている。

きれいに掃除しておくことは、自分の印象をよくするだけでなく、鍵山さんも述べているように、「心まで晴れやか」になるという効果がある。この心理効果はとても大切だ。

仕事がうまくいかず、モヤモヤとした気持ちが溜まってきたら、部屋の中を片っぱしか

ら掃除してみるといい。皿洗いでもいい。掃除をしていると、心が落ち着いてきて、悩みごともきれいに消えるはずだ。

上司やお客さまに怒鳴られて腹が立ったときも、掃除は効果的だ。一心不乱に掃除をしていると、怒られたことなど忘れてしまうし、「まあ、水に流してやるか」というおおらかな気持ちになる。

さらにまた、掃除が好きな人は、だれに対してもどこか丁寧で、礼節を重んじるような人間になれる。お坊さんは人生の半分は掃除をしているというし、茶道や華道などでも、みな掃除を大切にしている。やはり何か通じるものがあるのであろう。

掃除が嫌いな人は、心のほうも汚くなりがちだ。そういう心では仕事もうまくいくわけがないのである。

自分の成功を疑わない人が大金持ちになれる

ヒルトンホテルの創業者コンラッド・ヒルトンは、「お金持ちだと、あなたが自覚するようになったのは、いつごろですか？」とだれかに質問されたときに、「公園のベンチで寝泊まりしていたときからだ」と答えたといわれている。

ほとんどホームレスのような生活をしていたときから、ヒルトンは、自分の成功を微塵《みじん》も疑っていなかった。

ヒルトンにかぎらず、だいたい**成功者の多くは、自分の成功をこれっぽっちも疑わないもの**である。「自分は、大金持ちになる！」という絶対的な確信を持っている。そういう自己期待を抱いている。

これは心理学的に言って、非常によいことだ。

「どうせ自分なんて、うまくいくわけがない」

「私のようなバカには、出世の芽などない」
「平凡な私には、平凡な稼ぎしかできない」
そんなふうに自分を貶《おとし》めて考えていたら、大きなお金を稼ぎだすことはできないであろう。自分の才能や能力を自分で限定してしまうのは、自分で自分の首を絞めるようなことにしかならない。

お金持ちになりたいのなら、将来的に自分は絶対にうまくいくのだ、ということを信じ込もう。そういう自己暗示をかけてしまおう。そのほうが、自分の潜在能力をフルに活用することができるはずだ。

アリゾナ大学のジェフ・ストーンは、ゴルフ未経験者の黒人と白人を40名ずつ集めてゴルフのコースをまわらせる、という実験をしたことがある。

その際、コースに出てもらう前に、半分の人には「ゴルフは白人向きのスポーツなんですよ」と告げてみた。そういう暗示を受けた白人は、全10コースを回ったストローク数を測定してみると、本当によい結果を出すことができたのである。

ストーンは、残りの半分のグループには、「タイガー・ウッズを見てもわかる通り、ゴルフは黒人向きのスポーツなんですよ」と話しておいたのだが、こちらのグループでは、黒人たちがよいパフォーマンスを見せたという。

私たちの行動は、自分でも気づかないうちに、暗示の影響を受けるのだ。

「私なんて、成功するわけがない」と考えてはいけないという理由が、これでおわかりになるであろう。そんな考えをしていたら、それが暗示効果になってしまって、自分のパフォーマンスを引き下げてしまうのである。

根拠などなくともいいから、「自分は絶対に大金持ちになるぞ！」という強い意欲と信念を持たなければならない。

「ブルーオーシャン戦略」で、お金持ちになる方法

お金を稼ぎたいのであれば、なるべく競合する会社のないところで勝負するのがよい。

だれもがやっていない（あるいは、やりたがらない）仕事であれば、自分以外の敵がいないわけであるから、すべての仕事を独占することができる。

このようなやり方を**「ブルーオーシャン戦略」**という。ブルーオーシャンというのは、ほかの人がやってこないので、魚がうようよしているような海だ。そういう場所で漁をすれば、当然、すべての魚を独占できる。

弁護士というと、高給がとれる仕事のような印象があるが、そうはいってもアメリカの場合だと非常にたくさんの弁護士がいる。アメリカの、とある街の職業別電話帳を見ると、「弁護士」については、なんと70ページ以上にもわたってリストアップされているという。これでは、お客の奪い合いになってしまって、お金を稼ぐのは難しい。

その点、中古トラックの部品販売業者であるとか、ネズミ駆除の会社については、ほとんど１社、２社くらいしか電話帳にも載せられていない。つまり、その地域の仕事を独占できるのである。お金持ちになりたいなら、そういう仕事を狙うのがいい。

競合する会社や相手がいると、値下げ競争などが始まって、まったく利益が出なくなってしまう。

テンプル大学のパメラ・ダーフスは、さまざまな業種の４７００社以上の企業について調べてみたのだが、競合するライバル会社があると、競争が熾烈《しれつ》になりやすい傾向があることを突き止めている。

ダーフスによると、Ａ社が値下げをすれば、ライバル社のＢ社も頑張る。するとＡ社はさらに値下げせざるを得なくなる。Ａ社が新製品を作ったり、新しいキャンペーンを始めると、負けじとＢ社も値下げやＰＲ作戦を始める。こうして、お互いに共倒れのような状態になっていくのである。

これをダーフスは、**「レッド・クイーン効果」**と名づけている。

レッド・クイーンとは、ルイス・キャロルの『不思議の国のアリス』に出てくる女王様だ。レッド・クイーンは、アリスが逃げようとすればするほど、意地になって逃がさないようにするのだが、得てして競争というものは、お互いに熱くなりがちである。

その点、ブルーオーシャンであれば、のんびりと構えていても、ほかにライバルがいないのであるから、仕事はすべて自分のところにやってくる。仕事をするのであれば、そういう職業のほうがいい。

ありがたいことに、私の仕事は「心理学者」である。そして、心理学者を名のって仕事をしている人は、いるにはいるものの、そんなに多くはないのだ。経済学者や経済アナリストといった肩書きで働いている人たちはたくさんいるが、心理学者というと、きわめて数が限られているので、私ははからずもブルーオーシャンで働いていることになる。

そんなことを狙って心理学者になったわけではないのだが、私にとってはとてもラッキーだったといえる。

所有欲がない人ほど、お金持ちになれる理由

読者のみなさんは、どれくらいほしいものがあるだろうか。ほしいものが数えきれないくらいにあるだろうか、それともあまりほしいものはないだろうか。

お金持ちになる人は、そもそもあまりモノをほしがらない。ものすごく大きなテレビとか、スポーツカーであるとか、一流の画家の描いた絵画であるとか、骨とう品であるとか、そういうものをほしいと思ったりはしないのである。

資産１億円以上の富裕者にアンケートをとった記事が、『ＳＰＡ！』（２０１５年６月９日号）という雑誌に載せられていたのだが、それによると、お金持ちほど、あまりお金を使わないそうである。

「飛行機なんてエコノミーにしか乗ったことがないし、『モノ』にはほとんどお金をかけないですね」

そう答えるお金持ちはとても多いという。

ほしいものがあるからといって、次から次へと買っていたら、お金が貯まるわけがない。お金持ちは、基本的に、ほとんど所有欲がない。だから、どんどんお金が貯まっていくのである。

お金を使わないためには、とにかく衝動買いをしないことだ。

衝動買いをしていたら、いつまでもお金は貯まらない。では、どうすれば衝動買いを防げるのかというと、一番簡単なのは、クレジットカードを持たないようにすることだ。

クレジットカードがなければ、いくらほしいものがあって衝動買いをしたくとも、現金の持ち合わせがなければ必然的に買えなくなる。クレジットカードがあるから、「ま、いいか」と思って買ってしまうのであって、財布から現金が出ていくことを考えると、衝動買いしたくとも躊躇《ちゅうちょ》するのが普通である。

インドにあるマネジメント発達研究所のスプリヤ・カーラは、衝動買いについての論文を調べて、「クレジットカードが衝動買いを誘発する」と述べている。カーラによると、クレジットカードを何枚も所有している人ほど、衝動買いはひどいそうだ。

ちなみに、男性と女性で比べると、男性のほうがたくさんクレジットカードを所有していることが多く、それゆえ男性のほうが衝動買いはひどいらしい。

所有欲が強くて、あれもこれもほしいと思う人は、残念ながらお金持ちにはなれない。**お金持ちになる人は、そもそもあまり物欲がないからお金持ちになれるのである。**

もちろん、どうしてもほしいものがあれば、そしてお金に余裕があるのであれば、買い物はしてもよい。だが、余計なものまで買いこんでしまうようではいけない。

衝動買いをしていたら、お金はいつまでも貯まらない

当たり前の話であるが、お金というものは、使っていたらなくなってしまう。お金を使いまくっているのに、それでいてお金が増えていく、という矛盾した現象などは絶対に起こらない。お金は、使ったら、なくなるのである。

お金や財産を残せる人は、この当たり前の原理をしっかりと実践している。

つまり、**「余計なものは買わない」ということを徹底している**のだ。

ただし、よほど自制心がある人でなければ、「余計なものは買わないぞ！」と心に誓っても、なかなかそれを実践するのは難しいであろう。

というのも、お店側は、お客に買い物をしてもらうために、まさにあの手この手の作戦を使って衝動買いを誘ってくるものだからだ。

たとえばスーパーでは、食品がおいしそうに見える照明をつけたり、購買の気分を盛り上げるためのテンポのよいＢＧＭを流したりする。そうすることで、どんどん買わせよう

とするのだ。

商品を山積みのワゴン販売にしたり、値札の張替をして、値引き感を強調する作戦も使うし、タイムセールをすることで、お得感を強調する作戦をとったりする。

お店がこれらの作戦を複合的に使ってくるのだから、少しくらい自制心がある人でも、買わずにはいられなくなる。余計なものをどんどん買い物カゴに放り込んでしまうのは、そのためだ。


では、どうすれば余計な買い物をしないですませられるのかというと、ひとつのやり方は**「買い物リスト」を持っていく**のだ。

あらかじめ何を買うのかのリストを作ってから買い物に出かければ、それ以外のモノはすべて不要なのであるから、余計な買い物をせずにすむ。

ある調査では、71%のお金持ちが、事前に買い物リストを作ってから買い物に出かけているという。しかも50%は、なるべく安いディスカウントショップで、大量にまとめ買いをするそうだ。買い物に出かける頻度を抑えることで、衝動買いしてしまうリスクも減らしているのであろう。

いちいち買い物リストを作るのが面倒くさいという人には、別の作戦もある。

衝動買いをしそうになったら、とにかくその場からいったんは離れてしまうのだ。

これはテンプル大学のジョージ・アインスリーが推奨している方法なのであるが、自分を誘惑する対象を目の前にしていたら、自制心を働かせるのはとても難しい。

ではどうすればいいのかというと、時間的、空間的な距離を置くのだ、とアインスリーは述べている。いったんはショーケースから離れ、別のフロアに移動するのである。できたら、お店からも出てしまって、しばらく外を散歩してみるといい。そうしてから、「本当に買いたい」と思ったときにだけ、お店に戻るようにするのである。

アインスリーによると、このようなやり方をすれば、少なからず衝動買いをコントロールできるそうだ。

お金をポンポンと使っていたら、いつまでもお金を貯めることはできない。

お金を貯めるには、必要のないものは買わないと固く決心し、衝動買いに走らないように自分をコントロールすることである。

お金持ちになれる人の知られざる「特徴」

これはあまり指摘したくはないのだが、**桁《けた》外れの大金持ちになるような人は、どこか「壊れた人」**である。

なぜ「壊れた人」だと言えるのかというと、普通の人なら、たいていは怖くなって尻込みしてしまうようなことも、平気な顔でやってしまうからである。

雑誌『プレジデント』（２０１５年8月号）には、富裕者研究で有名な本田健さんの記事が載っているが、大金持ちほど「壊れた人」だと述べられている。

ソフトバンクの孫正義さんがその代表例だが、１億円のお金があるときには、その１億円をそっくり全部投資して、１００億円あるときにはその全財産の１００億円を事業につぎ込むという、まことに規格外のやり方で、あれほどの大企業を作り上げたのだ。

読者のみなさんは、「あなたの全財産をつぎ込んでください」と言われても、たいていは怖くてできないのではないだろうか。私にもできない。それは恥ずかしいことでも何でもなくて、ほとんどの人はできないに決まっているのである。成功する保証も何もないのに、大勝負をしてください、と言われても躊躇するのが普通の人なのだ。

ところが大金持ちになるような人は、どこか「壊れた人」なので、そういう博打もできるという。よく言えば「肝《きも》が太い」のだが、やはり「壊れた人」という形容のほうがいいような気がする。

心理学的に言うと、**お金持ちになれるような人は、一種の「サイコパス」なのかもしれない。**サイコパスというのは、自分がやりたいことを何でもやってしまうとか、恐怖を感じにくい、という特徴がある。

エモリー大学のスコット・リリエンフェルドは、サイコパスは、普通の人にとっては病的な性質だと考えられているが、ある種の職業、たとえば政治家などの場合には、サイコパスであることが有用に働くのではないか、という興味深い考察を行なっている。

恐怖を感じにくくて大胆なことも平気にやってしまう、ということが政治家には求められる。普通の人ならやれないような改革なども、「やる！」と決めたら断固としてやってしまうような人でなければ、一流の政治家にはなれない。

リリエンフェルドは、歴代のアメリカ大統領42人について、自伝などのデータをもとにしてサイコパス得点を出してみたところ、サイコパスの度合いが強い大統領ほど、高い評価を受けていることを突き止めた。ちなみに、1位はセオドア・ルーズベルト、2位はジョン・F・ケネディ、3位はフランクリン・ルーズベルトである。

ケネディなどは、「10年以内に人類を月に送り込んでやる」と突拍子もないことを言い出し、実際にそれを成功させてしまった大統領であるが、普通の人にはこういう大胆なことはとてもできないであろう。

リリエンフェルドの研究は、政治家を対象にしたものであるが、経営者や起業家にも同じことが当てはまるのではないかと思う。どこか「壊れた人」でなければ、何百億、何千億というお金は稼げないのかもしれない。

「勉強」は、ハズレのない確実な「投資」になる

お金持ちには、高学歴という特徴がある。彼らは勉強するのが大好きなのだ。もともとお金持ちになるような人は、小さな頃から、根がマジメだし、努力家で、根気強い。そのため、当然のように学歴も高くなる。

お金持ちには高学歴が多いのだが、それは彼らが「頭がよい」というわけでは決してない。彼らはただ努力家なのである。勉強もビジネスも、根気よくやるから成功するというところは同じだ。

もし読者のみなさんがまだ若いのなら、今からでも遅くはないので、ぜひ海外の大学へ留学するとか、社会人向けの大学院に入学して、学位をとろう。そうすれば、確実に今よりも年収は上がる。

「勉強なんてしたくないよ」

「文字を読んでいると、頭が痛くなってくるんだよ」

そう思う人がいらっしゃるかもしれないが、それは「勉強」と考えるからだ。**自分の年収をグンとアップさせるための「投資」と考えてみればいい**のだ。

セオドア・シュルツというノーベル賞をとった経済学者がいる。彼の書いた『教育の経済価値』（日本経済新聞社）という本には、高等教育を受けると学費がかかるが、これは投資なのだと考えればよい、と書かれている。

「勉強」ではなく、生涯年収が30％以上も増える「投資」だと考えれば、勉強が嫌いな人でも、「それなら……」という気分になるのではないだろうか。

学歴は、少しでも高いほうがいい。これは絶対に間違いない。実際の統計がその正しさを物語っている。

たとえば、独立行政法人労働政策研究・研修機構による『ユースフル労働統計　労働統計加工指標集２０１３』のデータを見てみよう。

これは男女別、学歴別に、生涯賃金を算出したものだ。このデータを自分の学歴に当てはめてみれば、およその自分の生涯賃金が予想できるのだが、学歴が高くなるほど、たくさんお金が稼げることが一目瞭然である。

	男性	女性
中学卒	1億8000万円（2億2000万円）	1億1000万円（1億4000万円）
高校卒	2億円（2億4000万円）	1億3000万円（1億8000万円）
高専・短大卒	2億円（2億4000万円）	1億6000万円（2億円）
大学卒	2億5000万円（2億8000万円）	2億円（2億4000万円）

＊カッコ内の数値は、一度も転職をしていない人の生涯賃金

なぜ、学歴が高いほうがお金を稼ぐことができるのか。

オランダにあるネイメーヘン大学のハリー・グランズブームは、世界16か国、7万人を超える人の収入を調べたことがあるのだが、学歴が高い人ほど、たくさんの「職業選択」ができることがわかった。学歴が高くなると、給料の高い職業が選び放題になり、それが結果として収入の差につながるというのである。

学歴が低いと、どうしても職業選択が限定されてしまい、たいていの場合は、だれにで

もできるような単純作業の仕事しかやらせてもらえない。そういう仕事は、給料がとても低いのだ。

ともあれ勉強に関しては、どんどん自分に投資しよう。**自分に投資することは、決してハズレになることはない、確実な投資**である。

資格を取るために学校に通うのもいいし、勉強会やセミナーに参加するのもいいし、本を買って読むのもいい。とにかく自分のスキルアップをはかって、どんどんお金を使おう。そういうお金は決して無駄遣いにならない。

「ズルい人ほど出世する」は本当か？

『君主論』という本を著したマキャベリという人物がいる。イタリアの思想家で、性悪説を唱えた人である。

どんなに非情な手段を使おうが、どんなに卑怯《ひきょう》な行為をしようが、結果として自分が望んだような利益を得られるのならすべて許されるのだ、という主義主張は、彼の名前をとって「マキャベリズム」と呼ばれる。ようするにズルい人のことである。

あまり申し上げたくはないのだが、正直者でいることは人間としての美徳ではあるものの、少しくらいズル賢くなければ、お金持ちにはなれないという報告がある。

コロンビア大学のチャールズ・ターナーは、１０００名を超える人にマキャベリズムの得点を調べるテストを実施した。どんなテストかというと、たとえば次のような内容の質問をするのである。

「ホンネは語らないほうがいい」
「世の中は悪人だらけだと思う」
「不治の病《やまい》にかかった人は、安楽死させてあげるほうがよい」
「どんなときでも正直でいることが最善のやり方だ」（逆転項目。逆転させて点数をつける）

「どんなときでも正しくいることは可能だ」（逆転項目）

ターナーが調べたところ、このマキャベリズムのテストで高得点をあげた人ほど、ステータスの高い地位につき、しかも高収入だったという。特に、教育歴の長い人（学校に通っていた年数が12年以上）の場合には、教育歴の短い人（学校に通っていた年数が0年から11年）よりも、この傾向が顕著であった。

もちろん、こういうデータがあるからといって、短絡的に、「なるほど、少しくらいズルい人間にならなければダメなのだな」と誤解しないようにしてほしい。

ズルいほうがよいかどうかは、自分がどんな業種で働いているかによる。

たとえば、自分が住んでいる地元で個人商店などを営んでいるような場合には、「正直」でいることは強みになる。お客も、だいたい決まった固定客ばかりなので、信用されることが一番大切だからだ。こんな場合には、マキャベリ的に商売をしようとすると間違いなく失敗する。

マキャベリ的にやって高収入が得られるのは、都市部のような人口の流動性が激しいところである。あるいは、固定客を相手にしないような業種である。そういう業種なのであれば、少しくらいズルくてもかまわないのだが、決まった固定客を相手に商売をするのであれば、正直でいたほうがいいと念を押しておく。

CHAPTER 2

知らない人はソンをする！

お金持ちが、どんどん
お金持ちになってしまう理由

お酒を飲む人は、お金持ちになれる⁉

読者のみなさんは、お酒をお飲みになるだろうか。

「仕事がらみで、お酒を飲む機会は多いほうですね」というのであれば、おそらくは出世しやすいし、高給を手にすることもできるはずだ。

ウソだろうと思われるかもしれないが、**お酒を飲む人のほうが収入は高い。**

米国アナリシス・グループのベサニー・ピーターズとサンノゼ州立大学のエドワード・スリンガムは、「大酒飲みではない？　なら、あなたは負け犬になるだろう」という衝撃的なタイトルの論文を発表している。

なぜ、大酒飲みでないと負け犬になってしまうのか。

ピーターズらは、フルタイムで働く男性４２４２名と、女性３３７１名を対象にした、大規模な調査を行なっている。調べたことは、ずばり、酒を飲むかどうかと、収入だ。

その結果、お酒を飲む人のほうが、飲まない人に比べて、なんと収入は10%から14%も高かったのである。

なぜ、お酒を飲むことが収入に関係するのかというと、お酒を飲むことは「社会資本」になるからであろうというのがピーターズらの分析だ。

「社会資本」という言葉はわかりにくいが、ようするに、お酒を飲むとネットワークが広がるということである。

だいたいお酒を飲む人というのは、だれかと一緒に飲むものである。自宅でひとり、晩酌をするということもあるだろうし、最近では「家飲み」という言葉もあるらしいが、基本的にお酒は人と飲むものである。

人と一緒にお酒を飲むということは、その人のネットワークが広がるということであり、そのネットワークが収入を押し上げる働きをするのである。ピーターズらは、この結果に基づいて、**「ドリンカーズ・プレミアム」**(酒飲みプレミアム)という用語を作っている。

ピーターズらによると、月に一度バーに飲みに出かける男性は、通常の10%の「酒飲みプレミアム」に加えて、さらに7%のプレミアムを上乗せした年収になるそうだ。バーに出かければ、いろいろなお金持ちと出会うチャンスが増えるからであろう。

ビジネスチャンスというものは、ただ座って待っていれば向こうからやってくるのかというと、そんなことはない。自分から積極的に探し求めるからこそ、手に入るものなのである。**外に飲みに出かけていれば、人と知り合う機会も増える。つまりは、ビジネスチャンス探しにもなる**わけだ。

最近の人は、あまりお酒を飲みたがらないといわれているけれども、これはあまりよくない傾向だ。上司や先輩に飲みに連れて行ってもらって、一緒になって騒ぐからこそ、覚えもめでたくなり、出世の糸口もつかめるので、出世、昇給する。お客さまと一緒に飲みに行くからこそ、「じゃあ、つぎの仕事は、あなたにおまかせしようかな」ということになるのである。

もちろんお酒を飲みすぎて健康を損なってはならないが、健康に注意しながら、いろいろな人と楽しくお酒を飲むのはとてもいいことである。

お金持ちにデブがいないのはなぜか？

体型に関して言うと、できるだけすっきり、スリムな体型を維持することをオススメしたい。年齢が上がってくると、それにつれて体型も丸くなりがちであるが、**不摂生をせず、できるだけ運動をして若い頃の体型を維持しよう。**

「お金持ちって、ものすごくふくよかな太鼓腹をしているイメージがあるんですが……」と思う人もいると思うのだが、それは単なるイメージにすぎず、現実は違うのだと全力で否定しておきたいと思う。

肥満だと、どうしても悪いイメージを与えてしまう。腰が重そうであるとか、優柔不断でありそうとか、意志力がなさそう、というふうに悪いイメージを与えるのが普通である。そして、そういうイメージの悪さは、みなさんの収入を引き下げる。

逆に、スリムでシャープな体型をしていれば、仕事が早そうとか、決断力がありそうとか、リーダーシップも高そう、というように好ましい印象を与える。「スリム・プレミアム（割増金）」という用語は今のところないようだが、まさしく「スリム・プレミアム」は存在すると言ってよい。これは間違いなく断言できる。

ピッツバーグ大学のアイリーン・フリーズは、1973年から82年に大学を卒業した2047名にアンケートを郵送し、そのうち1214名からの回答を分析している。

その結果、肥満だった人の給料は、普通の体重の人より平均して年間で3000ドルも少なくなることがわかった。**肥満だと、給料はあきらかに減る**のだ。

ついでにフリーズは、別の項目で取り上げるつもりであるが、身長についても調べている。身長に関しては、1インチ（2・54センチ）高くなるごとに、年収は600ドルずつ上がるらしい。高身長の人は、高給を得やすいのである。

身長のほうはどうにもならないということが多いが、体重はそうではない。

体重のほうは、自分で意識的に暴飲暴食を避けるとか、定期的に運動をすることによっていくらでもキープすることが可能だ。

「結婚太り」という言葉もあるが、結婚した人がだれでも肥満になるわけではない。肥満になるのは、自分の責任だ。むやみに食べすぎることが原因であって、いつでも目いっぱい食事をしていたら、だれでも太るのであり、自業自得である。だれのせいでもなく、自分が悪いのである。

お金持ちは、恰幅のいい体型をしているというイメージがあるが、読者のみなさんがそれを真似しようとしたら、確実に失敗する。大変な資産家で恰幅のいい人もいるが、そんな彼らでも、お金を稼ぎだすときには、もっとスリムだったはずである。最初から太っていたわけではないのだ。

「ちょっとお腹まわりが気になってきたな……」という人は、ぜひ運動を始めよう。そのほうが健康にもいいばかりか、収入アップにもつながるのであるから、一石二鳥というものである。

肥満者は、「賃金ペナルティ」を受けてしまうから注意！

先ほど、「スリム・プレミアム」という心理学用語は存在しないと述べたが、**「賃金ペナルティ」**という用語は存在する。同じ現象を反対に説明しているだけなのだが、太っていると、収入に関して「罰（ペナルティ）を受けやすい」のである。

スリムだと賃金増というプレミアムが受けられるのに対して、肥満だと賃金減という悲しいペナルティを受けなければならないのである。

「いやあ～、最近、何を食べてもおいしくてつい食べすぎちゃうんですよね」
「山盛りのご飯をおかわりするのが、当たり前になっちゃいました」
「腹八分でやめておくことが、どうしてもできないんですよ」

そういう人は、特に食事に気をつけるようにしたい。食べすぎていたら、どうしても太ってしまうからである。賃金ペナルティを受けたくないのであれば、食事はほどほどにしておこう。

米国バルチモア大学のチャールズ・レジスターは、肥満の男性、女性のグループと、普通の体重の男性、女性のグループとの年収を比較したことがあるが、**肥満者ほど年収が少なくなる**という結果が得られた。

レジスターによると、女性にこの傾向は顕著であって、肥満の女性は、肥満でない女性よりも12%も賃金が少なかったそうである。同じ仕事をしていても、12%の賃金ペナルティを受けてしまうのだから、たまったものではない。

自分の体重が、理想とされる体重よりも10%以上も重いようなら危険信号である。賃金ペナルティが発生するようになるからだ。

似たような研究は、イタリアにあるパドヴァ大学のジョージオ・ブルネロによっても報告されている。

ブルネロは、EU圏のデンマーク、ベルギー、アイルランド、イタリア、ギリシャ、スペイン、ポルトガル、オーストリア、フィンランドの9か国において、肥満者と年収の関係を調べてみたのだ。調査対象になったのは、男性3万4679名、女性1万7767名である。かなり大規模な調査だ。

その結果、BMIが10％増えると（165センチの女性で平均より6・34キロ重い人、176センチの男性だと、平均より7・89キロ重い人に相当する）は、時給ベースで、女性で1・86％低くなり（0・143ユーロに相当する減少率）、男性だと、3・27％低くなる（0・281ユーロに相当）ということがわかったのだ。

これらのデータからわかるように、**肥満者が損をすることは統計的にあきらか**だ。

「それでも私はおいしいものを腹いっぱい食べたい」と言うのなら、もちろん止めることはしない。みなさんの人生なのだから、好きなものを食べたいと言うのであれば仕方がないが、それでも肥満のペナルティの重さは、きちんと認識しておきたい。

体重の重い人がお金持ちになれない本当の理由

お金持ちになりたいなら、とにかくダイエットだ。

私の知るかぎり、「デブのほうが得をする」というデータはない。太っていれば、それだけペナルティを受けるのである。

コーネル大学のジョン・コーリーが調べたところ、**体重が重いと、賃金に9％の差が出るらしい**。この賃金の差は、1年半分の教育年数の長さ、3年分の勤務経験に匹敵するものであるという。

1年半分の教育年数というと、だいたい大学院の修士課程が2年間だから、学部卒と、修士課程卒くらいの賃金の差が見られてしまうというわけである。

3年分の勤務経験というのは、肥満であるかどうかで、新卒社員と入社3年目の社員くらいの賃金の差がついてしまうということである。これは意外に大きな差ではないだろうか。

さらに衝撃的なデータがある。

肥満である人は、なぜか自分自身を嫌う傾向がある。本人も、「デブでよかった」と満足していないのだ。そのため、太れば太るほど、自己嫌悪感が強くなり、自分に自信が持てなくなり、自尊心は低下する傾向がある。

ミドル・テネシー州立大学のチャールズ・バウムは、５万人を超える人の体重を測定して、男性でも、女性でも、ＢＭＩが30以上で肥満と判定された人は給料に大きな差がつくことをあきらかにした。また、太れば太るほど、自尊心が低下することも突き止めている。

「どうせ私なんか、一生貧乏なままなんですよ……」

「どうせ頑張っても、だれも評価なんてしてくれないんですよ……」

肥満者は、自分に自信が持てないので、どうしても卑屈な思考になりがちである。物事をポジティブに考えることはできないし、「どうせ自分はムリだ」とすぐに諦めモードになってしまう。これでは仕事がうまくいくわけがない。

「最近、ちょっとお腹まわりがヤバいな……」という自覚があるのなら、絶対にダイエットをオススメしたい。**本気でダイエットをすれば、だれでも確実に痩《や》せられる。**これまでの項目で、さんざんみなさんを脅かしてきたので、**「肥満だとお金持ちになれない」**ということはご理解いただけたと思う。

頑張ってスリムな体型を手に入れよう。身体がスリムになってくると、自分に自信を持てるようになるし、積極的で、前向きな思考もできるようになってくるはずだ。太っていて自分を嫌っているうちは、前向きな考えなどできるわけがない。まずは自分を好きになるためにも、ぜひダイエットに取り組んでほしい。

お金持ちになるための「自尊心」の高め方

お金持ちは、自分のことが大好きだ。自分を大切に思う気持ちを持っている。ほかのだれかのためにやらされるのではなく、ほかならぬ自分自身がもっとよい生活をしたいとか、自分の能力をもっと高めたいという気持ちで仕事をするので、一生懸命に仕事も頑張れるのである。

イタリアにあるナポリ大学のフランセスコ・ドラゴは、**「自尊心プレミアム」**という用語を作っている。自尊心が高い人のほうが、プレミアムがついて、たくさんの給料を稼ぐことができる。これが「自尊心プレミアム」だ。

ドラゴは、１９８０年と、１９８７年の２回にわたって、自尊心を測定するテストを実施し、そのテストで中央値以下だった低自尊心グループと、中央値以上だった高自尊心グループにわけて、それぞれの時給賃金を算出してみた。

すると、２回の調査のどちらも、自尊心が高いグループのほうがたくさん稼ぐ、という結果が得られたのである。

１９８０年		１９８７年	
低自尊心グループ	高自尊心グループ	低自尊心グループ	高自尊心グループ
７８１	８８８	７６３	９１４

＊数値は１９８７年時での時給賃金（セント）
（出典：Drago,F. 2011）

「なるほど、お金持ちになりたいなら、まずは自尊心を高めろということですね。でも、私が知りたいのは、自尊心の高め方なんですよ。内藤先生、何かいい方法はないですか？」と思う人もいるであろう。そこで普段の生活の中で、簡単に自尊心を高める方法をひとつだけお教えしたい。

それは、**ほかの人にどんどん親切を施すこと**だ。

困っている人がいたら、積極的にサポートしてあげるのだ。

他人に対して親切なことをするたびに、「私って、本当にいいヤツだなあ」という気持ちが強化され、自尊心も高まっていく。

ベルギーにあるゲント大学のピエト・ブラッキーは、仕事がらみでカウンセリングを受けている628名を対象に、

「あなたはどれくらいほかの人からサポートを受けていますか？」

「あなたはどれくらいほかの人にサポートを与えていますか？」

という2つの質問をしてみた。

すると、ほかの人に対して「受けて」いる人よりも「与えて」いる人のほうが、自尊心が高まることがわかったのである。

逆に、他人に助けられている人は、「俺は本当にどうしようもないヤツだ」と自尊心は減少してしまうそうだ。

「情けは人のためならず」という言葉もあるが、ほかの人に親切にしていると、自尊心が高まるというメリットが自分でもちゃんと得られるのである。自尊心を高めるためにも、普段の生活の中で、ホイホイと身軽に人助けをしてあげるのは、非常によいことである。

「顔だちのよさ」と「お金持ちのなりやすさ」は比例する

「私が、もっとイケメンだったら、契約もバンバンとれたのに……」
「私が、とびきりの美人なら、みんながチヤホヤしてくれるはずなのに……」

たいていの人は、だれでも多少は自分の顔だちに不満を持っているものである。自分の顔だちに絶対の自信を持っているのは、ごくごく一握りのナルシストにすぎないのではないだろうか。たいていの人は、そこまで自分の顔に自信を持っていない。

残念ながら、**「顔だちがいいほど、お金持ちになりやすい」**というのは事実である。「ほら、やっぱりね」と思われるかもしれないが、世の中というのは、まことに不公平なものなのである。

ミシガン大学のデブラ・アンバーソンは、３６９２の世帯に調査員たちを送り込んで、各世帯の年収を教えてもらった。その際、調査員たちは、回答してくれた人物が「ハンサム」か「美人」かについても、こっそりと5点満点で得点をつけていった。

このやり方だと、顔だちの魅力の得点のつけ方が、調査員の主観に左右されてしまうのではないかと思われるかもしれないが、どんな人がハンサムで美人なのかは、きわめてコンセンサスが高いことがわかっている。つまり、Aという調査員が「美人」とつけている人は、他のBやCの調査員に判断させても、やはり「美人」と評価されることが多いので、そんなに主観的なものでもないのである。

さて、気になる結果はというと、つぎのようになったという。

	とてもハンサム（美人）	平均以上	平均的	平均以下	ブサイク（homely）
世帯の収入	1万8456	1万8370	1万6480	1万4840	1万3130
本人の収入	1万340	9087	9043	8000	7082

＊単位はドル（出典：Umberson,D., et al.,1987）

世帯の収入のほうには、パートナーの収入が含まれてしまうので正確にはわからないが、本人の収入を見てもらえればわかる通り、調査員に**「とてもハンサム」と評価された人は、「平均以下」や「ブサイク」と評価された人に比べて、２０００ドル以上も収入が多いこ**とがわかる。

「やっぱり神さまって不公平だよなあ」と文句のひとつも言いたくなるところではあるが、こればかりはもうどうしようもない、と割り切るしかない。もし、どうしても自分の顔だちに自信がないのであれば、いっそのことつぎに述べるように美容整形を受けるのもいいであろう。

美容手術を受けるだけで、収入は高くなる

顔だちがよければ、それだけトクをすることは言うまでもない。では、生まれつきの顔だちが平凡でも、美容整形を受けたらどうなるのだろう。

美容整形を受けて、顔だちがよくなればトクをするのであろうか。

結論から言えば、まさしく「イエス」である。

カリフォルニア州立大学のシェリー・エリクセンは、美容整形を受けた人と、受けていない人の収入を比較し、美容整形を受けたグループのほうが圧倒的に収入が高くなるという結果を得ている。

ただしエリクセンによると、美容整形が収入を押し上げるのは、単純に「顔だちが魅力的になったから」という理由のほかに、「本人に自信もついたから」という理由を挙げている。

美容整形を受ける前には、どうしても引っ込み思案で、自分に自信を持てなかった人が、

美容整形をきっかけにして、自分に自信が持てるようになり、堂々とした態度で大胆に振る舞うことができるようになるので、収入もアップするようになった、という可能性も考えられるのである。

美容整形を受ければ、顔だちも魅力的になるし、自分に自信を持てるようにもなる。そのため、どうしても自分の顔に自信が持てないのであれば、美容整形を受けるのもひとつの作戦としてアリではないかと思う。

「親からもらった大切な顔に、メスを入れたくはない」という気持ちは心情的によく理解できるのであるが、美容整形を受けることによって本人が幸せな人生を歩めるようになるのであれば、親としても本望ではないかと思う。

自分の息子や娘が不器量な顔だちを気にして、一生、不幸な人生を送ることなど、親は望んでいない。いっそのこと美容整形を受けてもらって、幸せになってもらったほうが、親としても満足であろう。

美容整形に対して抵抗感の少ない韓国などでは、親が大学合格の記念にと、子どもに美容整形を受けさせてあげるという話を聞いたことがあるが、これも悪いことではない。子どもが将来的に有利になってほしいという親心であろう。

「人間は顔じゃない」とはよく言われるものの、現実には、**顔がモノを言うことは疑いない事実であり、データをとってみれば、顔だちがいい人のほうが確実に収入も多い**ということがあきらかな以上、顔だちをよくするための美容整形についても、私はアリではないかと思うのだ。

　もちろん、顔だちだけですべてが決まるわけではなく、「見た目」もまた重要である。

これについては項目を改めて論じよう。

見た目の美しさのプレミアムは、収入のプレミアムにもなる

見た目は、できるだけ魅力的に見えたほうがいい。なぜなら、**見た目がよければそれだけ、給料についてもプレミアムが受けられる**からである。これを、ハーバード大学のマークス・モビウスは、**「ビューティ・プレミアム」**と呼んでいる。

ただし、ここで誤解してほしくないのは、単なる〝顔だち〟の話ではないということだ。もちろん、生まれつき整った顔だちをしていれば、男性でも、女性でも、特別な努力を何もしなくとも、プレミアムは受けられるであろう。

しかし、ごく平凡な顔だちの人ではプレミアムが受けられないのかというと、そういうことではない。普通の人でも、見た目を磨くために努力をすれば、だれでも「プレミアムは受けられる」のである。

がむしゃらに仕事をしていれば、少しくらい服装が汚らしくても、髪の毛がベタベタし

ていても許されたのは昔の話だ。今の時代では、通用しない。見た目が悪い人と、一緒に仕事をしたいという人はいないから、そういう人は敬遠されやすくなる。人に敬遠されていたら、当然、お金も稼げない。

いつでも清潔感を与える要《かなめ》は、きれいな服装をし肌もツヤツヤして見えるようにクリームを塗るなど、きちんと手入れをすればするほどビューティ・プレミアムは受けられる。顔だちが美人であるとか、ハンサムであること以上に、こちらのほうが重要だったりする。

テキサス大学のダニエル・ハマーメッシュは、週に30時間以上働いている853名の調査を行なっているが、服装や化粧品にお金をかける人は、かけない人より収入が15%以上も高かったそうである。

面白いもので、客観的に美しいかどうかよりも、本人の「思い込み」も重要である。服装に気を配る人は、「これだけ自分は身なりに気をつけているのだから、ものすごく魅力的に見えるはず」という思い込みを強化することができる。

ハマーメッシュによると、5段階評価で自分の魅力を聞いた結果、上位35%に入る人は、収入がさらに約10%高くなったそうである。この場合の魅力は、あくまでも「自己評価」であり、「思い込み」なのだが、**「私は魅力的」と考えている人は、収入がさらに高くなる**

のだ。

もちろん、見た目が重要だとはいっても、高いブランド品の洋服を上から下までそろえるとか、高級な化粧品を使うとか、そういうことではない。お金をかけなくとも、清潔感を与えて好印象を抱かせる服装はいくらでもある。ファッション雑誌などで着こなしの勉強をすれば、お金をかけずに魅力を高めることは可能だ。

できるだけ明るく、さわやかで、人が近づきやすい雰囲気になるように、見た目にもこだわろう。見た目だけにこだわって、仕事のほうがおろそかになってしまったのでは本末転倒ではあるが、見た目にまったくこだわらないのは、もっとよくない。

中年だからこそ、見た目をよくする必要がある

「見た目が重要だといっても、それは女性のお話でしょ？」

「若い男のお話でしょ？」

そう思った読者がいるかもしれない。しかしそれは違う。**見た目がモノを言うのは、女性だけではなく、男性もそうである。しかも、若い男性だけでなく、年配の人にとっても大切なのである。**

「俺はもう立派な〝おじさん〟だから、見た目なんて関係ないんだよ」と考える人がいたら、それは違うのだと強く反論しておきたい。むしろ、「おじさんだからこそ重要」だと指摘しておこう。

ミシガン州立大学のジェフ・ビドルは、法学部の卒業生で弁護士になった人たちの年収を調べてみた。調べたグループは2つあり、1つは卒業後5年目のグループ。もう1つは

卒業後15年目のグループである。

ビドルは、彼らの顔写真を使って、どれくらい魅力的なのかにひとりひとり得点をつけていった。それをもとに年収との関連を調べてみると、見た目のよい人は、卒業後5年目にはすでに年収が高いことがわかった。

では、卒業してから15年目のグループではどうだったのだろう。

さすがに中年になると、見た目もそんなに年収に影響を及ぼさないようになるのであろうか。仕事での経験などが評価されるようになって、見た目はあまりモノを言わなくなるのであろうか。

いやいや、そんなことはなかった。むしろ、卒業15年後のほうが、魅力の効果は増大していたのである。減少するどころか、むしろ増大していたのだ。

おじさんになると魅力が年収に関係しなくなるのかというと、そうはならない。むしろ、若いときよりも大切になる。若い人でも魅力に差があれば、年収にも差がつくが、中年になってくると、その差がより顕著に大きくなってあらわれるのだ。

どんな業界でもそうだと思うのだが、**お金を稼いでいる人は、やっぱり見た目もいいのが普通**である。「なんだかちょっと気持ち悪い人だな……」と感じさせるような人が信じられないくらいお金を稼いでいる、というケースはあまりない。

「なんだ、やっぱり見た目なのか……」とがっかりしないでほしい。

私は、魅力を磨くために、何も特別に大変な努力を払うべきだ、などとは言っていない。**月に一度は、必ず理容院で髪の毛を切ってもらってサッパリさせることや、スーツやシャツはこまめにクリーニングに出す、週に何度かは運動もして身体を整える、といった当たり前のことをしてほしい**だけである。ヒゲや鼻毛が伸びていたら、それを剃ってほしい。鏡を見るたび、自分の見た目をチェックする。それくらいのことでいいのだ。

ＩＢＭが企業として成功したのは、厳格な服装規定があって、毎朝上司が、服装のチェックをするという慣例を持っていたからだといわれている。シャツはパリッとしているか、髪の毛の襟足は伸びていないか、ということをチェックすることで企業としても成長したのである。

ディズニーランドでも、現場に出るキャストたちは厳しく服装をチェックされるという話を聞いたことがあるが、見た目を整えることがとても大切だからであろう。

自分を好きになれば、どんな仕事もうまくいく

自尊心が高いことは絶対的にいいことである。

お金を稼ぐことができるというのが一番であるが、それ以外にもたくさんの理由があるからだ。

フィンランドにあるユヴァスキュラ大学（フィンランドでは１、２を争うほどの人気大学）のカタリーナ・サルメラ・アロは、大学時代にローゼンバーグの自尊心テストという有名なテストを受けていた２９７名の学生に、10年後にコンタクトをとって、収入を含めてさまざまなアンケートに答えてもらった。

その結果、学生時代に自尊心テストで高得点だった人たちは、職を失っておらず、同じ企業に勤めつづけており、給料も高かった。また、人一倍仕事熱心に働いているにもかかわらず、燃え尽き症候群のようなこともなかった。

逆に、学生時代に自尊心が低かった人たちは、燃え尽きを感じていて、性格もシニカル

に（皮肉っぽく）なってしまって、さらに職務満足度も低い、という結果が得られたのである。

ようするに自尊心が高い人は、自分がやっている仕事に満足できるので転職もせず、最初に入社した同じ企業で熱心に働くので当然のように給料も上がっていく。そのため、さらに仕事が面白くなって給料も上がるという、まことに好循環のスパイラルが見られるのだ。

同じ傾向の研究をもうひとつご紹介しよう。

ロンドン大学のカリー・トレゼスニウスキは、11歳、13歳、15歳のときに少なくとも１回は自尊心テストを受けている９７８名について、26歳時点での調査を行なってみた。すると、自尊心が高い人は、精神的な健康度が高く（抑うつ、アルコール依存、タバコ依存が少ない）、身体的な健康度も高く（自転車こぎで健康の度合いを調べるテストで高得点）、経済的な成功度も高かった（失業している期間を月単位で測定）。

いかがだろう。自尊心を高めることの大切さが、少しはおわかりになられたであろうか。

よくあるビジネス書には、「仕事を好きになれ！」とは書かれているが、「自分を好きになれ！」とはあまり書かれていない。

しかし、**本当は、まず自分を好きになることが先決**である。自分を好きになれば、仕事にも熱心に取り組めるようになるし、仕事も好きになれるからだ。

自分のことが好きになれれば、そんな自分が取り組んでいる仕事に対しても、当然、悪い感情を持つわけがないのである。

自分を好きになれれば、趣味をやっているときのように仕事も楽しく感じられるはずだ。だからこそ、自分を好きになることが大切なのである。

自分を好きになりたければ、自分の長所のようなものをどんどん紙に書きだしてみればいい。どんなに小さなことでもいい。それこそ「毎月５００円ずつ貯金している」でもいいし、「人にやさしい」でもいいのだ。

そういう自分の長所をどんどん書きだしていると、「自分もけっこう悪くないじゃないか」という気持ちが生まれてくる。そういうリストを手帳にでも挟んでおき、ヒマなときにはどんどんリストを長くしていくと、自尊心も高くなってくる。

自尊心の高い人は、逆境にも強くなれる

どれほど仕事で成功している人でも、最初からずっと順風満帆で、これからもそうなのかというとそんなことはない。

大変な逆境に見舞われることは、だれしも避けられないのだ。仕事というのは、ミスや失敗の連続であって、うまくいかないことのほうが圧倒的に多いからである。

けれども、そんなときにも自尊心の高さは有利に働く。

自尊心が低い人は、ちょっとでも挫折を味わうと、とたんに気持ちが挫《くじ》けてしまう。

「もうダメだ」
「どうせうまくいきっこない」
「無駄な努力なんかしないほうが賢いんだ」

そんなことを考えて、簡単に諦めてしまうのである。

自尊心が高い人は逆だ。逆境になると、逆に燃える。逆境にあっても、それを挑戦すべき目標と捉えて、かえって心が燃えてくるのである。

ハーバード大学教育学部のリチャード・マーネインは、１４４８名の男子高校生に自尊心テストを受けてもらい、彼らが27歳から28歳になったときに、平均週給を教えてもらった。すると、高校時代に自尊心が高いと判定された人ほど、大人になってからの給料も高いことがわかったのである。

その理由として、マーネインは、自尊心の高い人ほど逆境に打ちのめされにくいからであろうと推測している。彼らは、逆境にあってもめげたりはしない。「自分ならこの困難も乗り越えられる」という自信を持っているからである。

自尊心の低い人は、とにかく諦めが早い。

なんでもすぐに諦めてしまうので、中途半端な結果しか残せないのだ。

オレゴン大学のグレン・ワデルは、５０００人以上の高校生を14年も追跡調査し、自尊心の低い学生は、上を目指す意識が弱く、ほどほどのところで勉強もやめてしまうので学歴も劣る傾向があり、それゆえ給料の低い仕事にしか就けない、ということをあきらかにしている。

仕事も勉強もそうだと思うが、つらいことがあったからといって、簡単に投げ出していたらモノになるわけがない。

たとえ少しくらい能力や才能が足りなかろうが、それでも我慢して努力するからこそ成功するのである。そして、努力を継続するためには、まず自分自身を大切に思う気持ちがとても大切なのだ。

背が高い人ほど、たくさん稼ぐことができるのはどうしてか

身長が高い人は、どんな労働市場でも有利だ。「背が高い」という、ただそれだけで多くのお金を手にすることができるのである。世の中は、なんと不公平なのだろうか。不愉快に感じる人もいるだろうが、とりあえず話だけは聞いてほしい。

ペンシルバニア州立大学のニコラ・ペルシコは、英国とアメリカで身長と給料についての大規模な調査を行なっている。

この調査では、11歳、16歳、23歳、33歳、38歳という年齢でデータをとっているのだが、16歳と23歳時点で身長が測定されていた。そのときの身長で背の高い人（中央値以上）と、背の低い人（中央値以下）にわけて、大人になってからの賃金を比較してみたのである。するとつぎのような結果が得られたという。

	英国		アメリカ	
	中央値以下	中央値以上	中央値以下	中央値以上
賃金（時給）	1・99	2・10	2・58	2・68

＊賃金は1991年時点でのポンドと、ドル

（出典：Persico,N., et al., 2004）

データからわかる通り、背が高い人のほ

うがたくさんの賃金を得ている。この数値は時給で測定されたものであるから、これを年収になおせば、かなりの差になることが予想できる。

なぜ、背の高い人のほうが多くのお金を手にすることができるのだろう。

その理由は、背が高い人のほうが、堂々として見えるからである。堂々と強そうに見えるということは、リーダーシップがあり、パワーがあるように見えるのだ。実際に、リーダーシップがあるかどうかはわからないが、「ありそうな感じ」がするわけである。こういうことが、高い評価につながるのであろう。

そう考えると、実際に大切なのは、身長ではなく、本人の「態度」であるともいえる。かりに背が低くとも、いつでもどっしりと鷹揚《おうよう》に構えていて、胸を張って堂々としている人なら、背が高い人と同じように多くのお金を手にすることができるはずだ。「この人は頼りになる」というイメージを振りまけば、身長でのハンデなどいくらでもカバーできる。

意見を求められたときに、ものすごくか細い声で、ボソボソと話すとか、いつでも背中を丸めてコソコソと歩いているようでは、かりに背が高くとも高給を手にすることはできないであろう。

もし身長にハンデを感じるのなら、それを補うほどに、堂々とした振る舞いを意識しよう。そうすれば身長でのハンデなどなくなるからである。

富豪たちの流儀を大解剖！

お金持ちは、どんなことに気をつけて生活しているのか？

CHAPTER 3

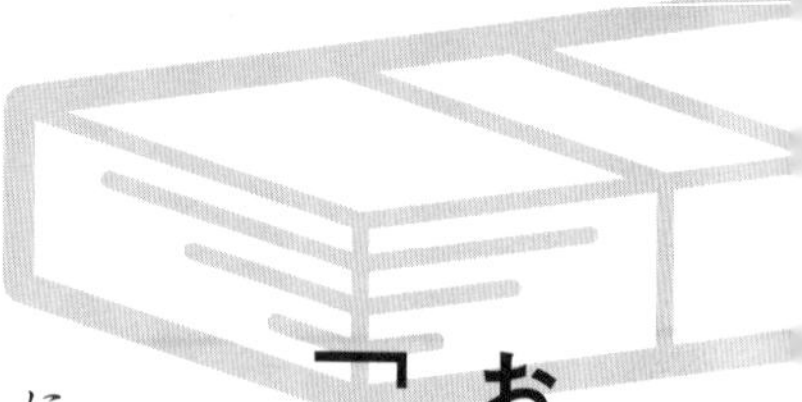

お金持ちになれるかどうかは、「ツイッター」で一目瞭然！

お金持ちになれる人は、ポジティブなことしか口に出さない。ポジティブなことしか口に出さないから、幸運なことばかりがどんどん起きる。悪い言葉を口に出していたら、悪いことばかりが自分に引き寄せられてしまうことを本能的に知っていて、それを避けているのかもしれない。

「チェッ！」「クソッ！」「チクショウ！」といった、いわゆる〝汚い言葉〟が、お金持ちの口から出てくることはない。そういうののしり言葉を口にしていたら、自分自身にも災いが降りかかってしまうものだからである。

それぞれの人がどんなことを口に出しているのかを調べれば、その人がお金持ちになれる人なのか、それともお金持ちになれない人なのかを、かなりの高確率で予想することもできる。

カナダにあるケープ・ブレトン大学のスチュワート・マッカンは、「ツイッターのつぶやき」を調べれば、その人が社会的、経済的に豊かな地位にいて、お金持ちかどうかを判断できることを確認している。

マッカンは、国勢調査をもとにして、ツイッターのつぶやきと、その人の地位の高さを調べてみたのだが、つぶやきがポジティブであればあるほど、地位も高くなることを突き止めている。**お金持ちは、悪口をつぶやかないのだ。**

お金持ちは、ほんのちょっとしたことでも喜べるので、つぶやきもポジティブなことばかりである。

「朝起きたとき、自分が生きているというだけで幸せを感じてしまう」とか、「期待せずに入ったレストランの料理が、ものすごくおいしかった」といったつぶやきをしていれば、そういう人は、将来的にお金持ちになれる人だと予想してよいだろう。

いつでもハッピーなことを口に出すようにしよう。

物事のイヤな面ではなく、好ましい面に目を向けるようにしよう。

雨が降っているとき、「外回りなのにイヤだな」とつぶやく人は、残念ながらお金持ちにはなれない。「雨が降っているときって、街路樹もうれしそうなんだよね」とつぶやける人のほうが、お金持ちになる可能性は高い。

お金持ちになれる人は、たとえイヤな状況のときでも、その中にちょっとした喜びや楽しさ、面白さを見つけることができる名人なのである。

ちなみに、私のオススメしたい魔法の言葉は、「ありがたい」だ。どんなにつらいときでも、「神さまが私に試練をお与えになってくださっているのだ、ありがたい、ありがたい」と感謝の言葉を口に出すようにしていると、不思議なことに心に幸せな気分が湧いてきて、つらい気持ちがなくなるのである。

交通渋滞に巻き込まれたら、だれでも舌打ちしたい気持ちになるだろうが、こんなときも「私が事故を起こさないように、神さまがわざとゆっくり運転するようにさせてくれたのだな、ありがたい、ありがたい」と思っていれば、そんなに腹も立たないものである。

お金持ちになりたいのなら、とにかくポジティブなことだけを口に出すようにしよう。呪いの言葉をつぶやいていたら、せっかくの幸運もどこかにいってしまうからだ。

ハッピーだから成功するのか、成功しているからハッピーなのか

「ああ、今日もまた仕事かあ……」

「はあ……、なんだかやる気が出ないなあ……」

朝からそんなため息をついているようでは、とてもではないがお金持ちにはなれない。

なぜなら、**お金持ちになる人は、毎日、楽しく、ウキウキしながら仕事に出かけていくものだから**だ。

お金持ちは、仕事が楽しくて仕方がない。仕事が三度の飯よりも大好きで、まるで遠足に出かけるときの子どものように、はしゃぎながら家を出ていくものである。


ハッピーな気分でいることは、お金持ちになるための大切な前提条件。

「ハッピーな人ほど、お金持ちになりやすいんですよ」と私が話をすると、「そりゃ因果関係が逆だよ。お金持ちだから、ハッピーなんだよ」と思う人がいるかもしれない。

ドイツのバイエルン州にあるエアランゲン・ニュルンベルク大学のアンドレア・アベルも、同じ疑問を持った。

「ハッピーな気分が収入につながる」のか、それとも因果関係が逆で、「収入が高いから、結果として、ハッピーな気分になる」のかを調べてみようとしたのである。

そこでアベルは、大学の卒業生1336名について、卒業1年後、3年後、7年後、10年後と追跡調査を行なってみたのである。なお調査対象は、法学部、医学部、教養学部、経済学部、工学部の卒業生たちで、彼らはさまざまな分野に就職していた。

時系列に沿ってデータを分析してみると、「ハッピーな気分」が高くなったときの数年後に、収入の高まりが確認された。つまり、**「ハッピーだから成功する」という因果関係のほうが正しかった**のである。

たしかに、「収入が高くなってから、ハッピーな気分になった」という因果関係も少しはあるようだが、こちらの影響は弱かった。「ハッピーだから、収入が高くなる」ほうが因果関係は強かったのである。

毎日、仕事に出かけるたびに出社拒否のような気分になっているようでは、とてもではないがお金を稼げるようにはならないであろう。勤務時間中も、不満なことばかりを考えていて仕事をしていたら、お金を稼ぐことはできない。

たとえどんな仕事をやるにしても、「やらされている」という意識ではなく、「自分が楽しんでやっている」という意識を持つようにするのがポイントだ。口グセのように、「うわあ、仕事って面白いなあ」と唱えていると、本当に楽しいと感じられるようになってくるものである。

毎日、陽気に暮らすほど、お金持ちに近づいていく

「自分はなんと幸せ者なのか」
「私は、ひょっとすると世界で一番恵まれているんじゃないか」
「毎日が、こんなにバラ色で本当にいいのだろうか」

そういう気持ちでいればいるほど、どんどんお金が貯まっていく。ハッピーな気分でいる人には、神さまもたくさんの幸運を与えてくれるらしい。

先ほど、ハッピーな人ほど、多くのお金を手にするという話をしたが、こういう研究は非常にたくさんある。もうひとつ、別の研究も紹介しておこう。

米国ブルッキングス研究所のキャロル・グラハムは、ロシアで行なわれた大規模調査をもとにして、１９９５年時点で「私はハッピーだ」と答えていた人は、その５年後の調査で、より多くのお金を稼ぎ、しかも健康であることをあきらかにしている。

ハッピーな人は、お金持ちになれるだけでなく、健康にもなれるというおまけまでついてくるようだ。

「病は気から」と言われるが、心が病んでいると身体のほうも病んでしまうことは多い。逆に言うと、心がハッピーであれば、病気にもかかりにくくなるわけである。ハッピーな人は収入が多いだけでなく健康的なのは、そのためである。

グラハムは、「幸福感は、お金になる?」というタイトルの論文を発表しているのだが、結論として言うと、「お金になる」と断言してよい。

よくある自己啓発系の本を読むと、「ハッピーな気持ちで暮らすことが大切なんですよ」と書かれている。

かつて私は、「本当なのかな?」と疑いの目を持っていたが、心理学的に見ても、これは事実であるようだ。ハッピーでいることは、ものすごく有利なのである。これはウソでも何でもなく、きちんとした裏づけのある話である。

ハッピーな気分になるためには、自分なりの「ハッピー・スイッチ」を決めておくのもいいだろう。「私は、これをするとすぐにハッピーになれる」というものを決めて、自分を条件づけてしまうのだ。

「私はステーキを食べると、ハッピーになれる」というのであれば、ステーキがハッピー・スイッチになる。この人は、ステーキを食べさえすれば、すぐに「カチッ」とスイッチが入って、ハッピーになれる。

自分なりのハッピー・スイッチをいくつも作っておけば、いつでもすぐにハッピーモードに入ることができるだろう。「大好きな曲を聴けば、いつでもハッピー」とか、「いらない紙をグシャグシャに丸めると気分がスッキリする」とか、自分なりのスイッチをたくさん持つようにするとよい。

積極的に行動できる人ほど、お金持ちになれる

ノートルダム大学のスコット・シーバートは、大学の卒業生４９６名にコンタクトをとり、どういう人ほど給料が高いのかを調べてみたことがある。卒業生は、少なくとも卒業後３年以上経った人たちである。

さて、どういう人ほどお金を稼いでいたのかをシーバートが調べたところ、学生時代の心理テストで、「積極的性格」の得点の高い人ほど、給料も高くなる傾向が見られた。

仕事というのは、何事も自分で積極的に動かなければ、うまくいかない。

ただ口を開けて待っていれば、だれかが食事を運んでくれる、というわけにはいかないのだ。

たとえば、お金を稼ぐ人は、取引先やお客さまが社内決裁をとるのをただ待っているだけではない。「私が、代わりに稟議《りんぎ》書を書きましょうか？」とか、「重役のみなさまに、私

がプレゼンしましょうか？」と持ちかけて、お客の仕事を代わりにやってあげる。待つのではなく、動くのである。

また、彼らは営業をするときにも、訪問件数がほかの営業マンよりも多い。性格的に積極的なので、どんどん攻めていくのが好きなのだ。ほかの営業マンが一日5件しか訪問していないところ、彼らは20件も30件も訪問をするのだから、たくさん契約がとれるのも、当然だといえよう。


お金を稼ぎたいのなら、まず何よりも大切なのは、「積極性」だ。


スマートな仕事のやり方などできなくともいいから、とにかく仕事量で、ほかの人を圧倒するのである。泥臭くてもいいので、だれよりも頑張って積極的に動く。それをやっていれば、必ず仕事はうまくいくし、収入は増えていく。

選挙の神様といわれた田中角栄さんは、大衆の心をつかむのがうまく、演説も得意であった。あるとき、だれかが演説のコツを尋ねたところ、角栄さんは、「演説にコツなんてない。ただほかの人がゆっくり料理屋でお昼を食べているとき、自分はもう一回多く演説する。だから、当選する」と答えたそうである。

選挙の遊説中、角栄さんのお昼は必ず握り飯だったそうだが、たくさん演説したので選挙にも強かったのである。タネを明かせばどうということもない話だ。

ビジネスにおいても、お金を多く稼ぐ人は、人よりも積極的に動いているだけである。

それだけであることがわかっていても、私たちにはなかなか、その姿勢を見習うことができないだけである。

いきなり積極性のレベルを引き上げることはできないから、営業マンでいえば、少しずつ訪問件数を増やす努力をするとか、自分なりのノルマを少しずつ引き上げていくとか、そうやって自分に試練を課すようにしよう。そうやって積極性を磨くことが大切だ。

上機嫌で仕事をすれば、お金は自然と増えていく

中国には、「笑顔を見せられない人は商売人になるな」という意味の諺《ことわざ》があるらしいのだが、**いつでもニコニコしていて、上機嫌でいることはお金を稼ぐのに役立つ。**

カリフォルニア州立大学のバリー・ストーは、ある病院で働くスタッフと、2つの自動車アクセサリー部品製造工場の従業員を対象にして、普段、どれくらい上機嫌なのかを調べさせてもらった。また、18ヶ月から20ヶ月分の会社の記録によって、上司からの評価や給料なども調べさせてもらった。

上機嫌かどうかは、「満足」「興奮」「喜び」といった複数の項目で測定したのであるが、調べてみると、上機嫌な人ほど上司からの評価も高く、給料も高いということがわかったのである。

気持ちよさそうな顔で仕事をしている人については、上司も「エコヒイキ」したくなる。

まったく同じ仕事ぶりなら、不機嫌そうな顔をして、イヤイヤ仕事をしているような人よりも、ニコニコしている人のほうに高い評価をつけてあげたくなるのが人情であろう。

お客さんだって、上機嫌な顔をしている人に接客してもらいたいと思うであろう。眉間《みけん》にシワを寄せて、何やら怒っているような店員には、近寄りがたい雰囲気を感じるものである。

では、**どうすれば上機嫌でいられるかということなのだが、「仕事って楽しいな」という言葉をしょっちゅう口に出すようにするといい。**

同僚や上司とおしゃべりするときにも、「商品を手にとってくれたときのお客さまの顔を想像すると、作業が面白くなりますね」「コツがわかってくると、この仕事って面白いんですね」と意識して口に出すようにするのだ。

ウソでもいいので、そういう言葉を口に出していると、どうなるか。

なんと、私たちの脳みそは、その言葉にだまされて、ドーパミンなどの快楽物質を分泌し始めるのだ。「自分で『面白い』と口に出しているということは、私は楽しいに違いない」と判断して、上機嫌なときの快楽物質を出すのである。だから、本当に楽しい気持ちになってくるのだ。

食事をするときも、「おいしい！　おいしい！」と口に出しながら食べると、本当においしく感じられてくる。

２０１９年より3度目の読売ジャイアンツの監督を務める原辰徳さんは、何を食べるときにも、うるさいくらいに「おいしい！」と連呼するそうだが、おそらくは何を食べてもおいしいと感じているであろう。なぜなら、私たちの脳みそは、自分が口にしたことによってだまされるからである。

上機嫌で仕事をすることは、自分の精神衛生上も非常に好ましいことである。

しかも、**上機嫌でいれば、それだけ評価も高くなるであろうし、収入増にもつながる。**

仕事をするときには、いつでも「私って幸せだな」「なんて素敵な仕事なんだろう！」と常に口に出すようにしたい。そうすれば、自然に収入も増えていく。

お金持ちの多くは既婚者で、離婚もしない

お金持ちになるような人は、たいてい陽気で、性格的に明るい。いつでも上機嫌なので、周囲の人とケンカをするようなこともない。「自分だけよければいい」という気持ちもあまりなく、たいていは慈善の気持ちが強く、困っている人にも積極的に助けの手を差し伸べる。

そんな彼らなので、当然ながら、異性にもモテる。同性にも好かれるのだが、異性にも好かれるので、結婚も早い。また、いつでも上機嫌なので、パートナーと衝突したりはせず、離婚歴もないケースが多い。

バツが2つも3つもあるような人は、心理学者でなくとも、「どこか性格的に問題があるから、破局を迎えてしまうのではないか」と予想できると思うのだが、実際にその通りであって、すぐにカッとなって感情的であるとか、アルコールやタバコの依存症になりやすいとか、反社会的な性格を持っていることも多い。

お金持ちは既婚者であり、一人の相手と結婚生活をずっと続けているわけだが、もし読者のみなさんも、現在独身なのであれば、結婚はしておいたほうがいいだろう。

別にお金持ちを見習って結婚しなさい、というわけではなく、結婚していたほうが、お金を稼ぐ上でのモチベーションアップが期待できるからである。

ウィスコンシン大学のリー・ハンセンは、２０００名を超える人の年収と、さまざまな要因の関連性を調べてみたことがあるのだが、結婚している人ほど、年収も高いという相関が見られた。

結婚している人は、当然ながら、家族や子どもを養わなければならない。

そのため、独身者に比べて、必死になって仕事をする。必死になって仕事をしていれば、年収が高くなるのも当たり前である。

独身者はというと、別に、扶養する相手がいるわけでもないので、気楽である。気楽であることはいいことだが、本気になって仕事をする必要がないために、それほどお金を稼ごうというモチベーションも高まりにくいのだ。

特に、実家で親と一緒に暮らしている独身者は、かりに仕事をやめてしまっても親のスネをかじっていればなんとなく生きていけるわけであり、さらに気楽である。そのため、仕事に対する本気度がどうしても低くなりがちだ。

結婚をすると、人は大きく変わる。

それまでは、ちゃらんぽらんな生き方をしている人でも、結婚を機に、「ようし、自分は家族のために頑張ってやる!」という強烈な意欲が生まれることは少なくない。

最近の若い人は、あまり結婚に乗り気でないらしく、平均初婚年齢は今後もますます上がりそうであるが、結婚することは決して悪いことではないことは指摘しておきたい。

株をやるなら、「のんびり長期で」が鉄則

『バカでも資産1億円』（小学館）の著者であるタレントの杉村太蔵さんは、雑誌のインタビューで、1日に何度も売買して利益を得る、いわゆるデイトレードは精神的に疲れるし、株価が気になって仕方がないばかりか、売り抜けたときでさえむなしさがあると述べている。

杉村さんによると、株はじっくりと銘柄を選んで、長期で投資するのが本来の姿だと考えているそうだ（『女性セブン』2015年2月12日号）。

株をやるのなら、この姿勢を見習いたい。

青山学院大学大学院教授の榊原正幸さんも、『大学教授が科学的に考えたお金持ちになるための本』（ＰＨＰ研究所）という本で、まったく同じことを指摘している。

榊原さんによると、株は科学なのであって、きちんと勉強すればだれでも儲かるように

できているという。ただし、ＦＸ取引や商品先物取引は、「投資」ではなく、「投機」（博打的な取引）であるとも注意を喚起している。きちんと儲けられるのは、あくまでも通常の株取引だけである。

株をやるのなら、とにかくのんびりと、長期の投資をするのがいいと榊原さんは述べている。**毎日株が上がったとか下がったなどと一喜一憂するのではなく、のんびりと構えてお金が増えていくのをじっと待つのがよい**という。それこそ、20年、30年、40年のスパンで考えるのが正解らしい。

また、**株をやるのなら、自分で好きな銘柄の株をきちんと選んで買うようにしなければならない**。一番ダメなのが、自分ではまったく何も考えずに、専門家にそっくりおまかせしてしまおうというやり方だ。

世の中には、投資アナリスト、証券アナリスト、金融アナリスト、財務分析家など、いろいろな肩書きの専門家がいるが、彼らにまかせるのはとても危険だ。彼らはインチキな予想をして、手数料を稼ぐのが仕事だからである。

いくら「専門家」だからといって、必ずしも「正しい予測」ができるのかというと、そんなことはない。

カンザス州立大学のジェームズ・シャントーは、いろいろな分野の「専門家」の判断について調べ、彼らの判断が本当に正しいのかどうかを調べてみたことがある。

その結果、まずまず正しい判断ができる専門家は、気象予報士、家畜の雌雄《おすめす》判定士、天文学者、チェス・マスター、保険の分析家であった。彼らの判断は、専門家同士でよく一致して、一貫性のあるものであった。つまりは、こういう専門家は信頼できるのである。

ところが、信頼できない専門家もいた。シャントーによると、精神科医、裁判官、ウソ発見技師、そして株のブローカーの判断は、専門家同士でも食い違うことがよくあって、まったくアテにならないそうだ。

株はやってもいいが、あくまでも自分でしっかりと勉強をして、銘柄を選ぼう。それが面倒だというのなら、そもそも株には手を出さないほうが利口である。

ストレスはいつでも“ゼロ”に保つことが重要

心のどこかに悩みがあったりすると、私たちはいつものようなパフォーマンスができなくなる。普段は簡単にできるようなことでも、悩みがあるとできなくなる。

たとえば、１時間あたり３０００字分の文字情報をコンピュータに入力できる人でも、何か悩みごとがあるときには、１時間あたり２０００字とか１５００字分くらいしか入力できなくなったりする。

米国ペンシルバニア州にあるドレクセル大学のビジョウ・ヤンは、男性28名と女性54名の不動産販売員に対して、ストレステストを実施する一方で、それぞれの収入も教えてもらった。

すると、ストレスに感じることが多い人ほど、収入もそれに応じて減っていくことがわかったのである。結婚に対して、育児に対して、生活に対して、健康に対して、その他のいろいろなことに対して、**悩みごとやストレスに感じることが増えれば増えるほど、それに反比例するように、収入はみるみる減っていく**のである。

なぜ悩みごとが増えるほど収入も減るのか。

心に悩みがあれば、当然、そちらが気になるので、目の前の仕事に集中できなくなる。仕事に集中できないのであれば、当然、パフォーマンスは悪くなる。パフォーマンスが悪ければ、上司からもお客さまからも仕事ぶりは悪く評価されるであろうし、そうなると収入も減っていく。

お金持ちになりたいのであれば、とにかくストレスフリーな生活を送ることだ。

ストレスフリーな生活を送るためには、ストレスを溜めこまず、「こまめに発散」するのがよい。ストレスを溜めに溜めてから、一気に発散するのはあまりよいアイデアではない。数ヶ月にいっぺん、温泉旅行に出かけてストレスを発散するよりは、毎日、仕事が終わったら軽くジョギングをしてストレスを発散させてしまおう。

ストレスの厄介なところは、自分でどれくらいストレスを抱えているのかがわからないところだ。自覚症状がないので、なかなか「ストレスを解消しよう」という気持ちにならないのである。

たいした理由もないのに、なぜかイライラしてしまうとか、相手のちょっとした発言に感情的に反応してしまうとか、偏頭痛や腹痛、下痢などの症状が見られるというのであれば、それはストレスがかなり溜まっている証拠である。

そうなるまでに、ストレスは上手に発散するようにしよう。逆に、心が晴れ晴れとしているように感じるのなら、それはストレスフリーな生活を送っているということなので、安心して今の生活をつづけてよいということになる。

底抜けの明るさを持つことは、お金を稼ぐのに役立つ

物事に対して悲観的な人がいるが、こういう人はお金持ちにはなれない。

お金持ちは、たいていは楽観的で陽気な考えをするものだ。かりに仕事で失敗したとしても、落ち込んだりはせず、「なるほど、こうすると失敗するんだな。いいことを学んだぞ、アハハ」と気楽に笑い飛ばしてしまうものである。

米国心理学会会長も務めたことがあるマーティン・セリグマンは、著書『オプティミストはなぜ成功するか』（講談社）の中で、スポーツの世界でも、政治家の世界でも、もちろん、実業界においても、成功する人たちは、のきなみ「楽観人」（オプティミスト）であることをさまざまな例を挙げながら説明している。

明るいことだけを考えることは、とても大切なことなのだ。

先ほど、「上機嫌でいることはお金を稼ぐのに役立つんですよ」という話をしたが、楽

観的に考えることも、上機嫌でいることにつながる。

どんなときにも陽気さを失わず、快活な気分でいることだ。

何があっても、「大丈夫、大丈夫、なんとでもなる!」と自分に言い聞かせよう。何度も「大丈夫だ」と言い聞かせていると、本当に大丈夫な気持ちになってくるのだから、不思議なものである。

楽観的で、陽気な性格でいることは収入アップにつながる。

イリノイ大学のエド・ディーナーは、１９７６年に大学に入学した2万５０００人以上の学生に、陽気さや楽観性を測定する心理テストを受けてもらった。

それから19年後にもう一度彼らにコンタクトをとって、現在の収入を教えてもらった。19年後には連絡が取れなくなってしまった人もいて、分析対象は1万３６７６人になってしまったが、それでも陽気で楽観的な人ほど、収入が高いという結果が得られた。

しかも陽気な人ほど、職務満足感も高く、かりに職を失ったとしても、つぎの職を見つけるまでの期間が短かった。

暗い顔をして、悲観的なことばかり考えていてはダメだ。

かりに今の境遇が、それほど好ましいものでなかったとしても、それでも明るいことを考えるようにしなければならない。

では、どうすれば明るい気分になれるのかというと、**姿勢を正す**のである。

先ほど、ポジティブなことを口に出していると上機嫌になれるという話をしたが、同じ効果は、姿勢によっても得ることができる。

コロラド大学のトミー・ロバーツは、背筋をしっかり伸ばす、胸を張る、アゴを上げる、といった姿勢をとらせると、肩を落とす、頭を下げてうなだれる、といった姿勢をとらせたときより、気分がシャンとしてきて、試験などをやらせても高得点をとることができたというデータを報告している。

いつでも悲観的なことばかり考えてしまう人は、ひょっとすると姿勢が悪いために、そういう思考になってしまっている、という可能性がある。**姿勢をしっかり正すようにすると、自然に明るい思考も生まれてくる**であろう。

お金を使うときに注意しておきたいこと

お金は使わなければ、自然に貯まっていく。とはいえ、まったくお金を使ってはならないのかというと、そういうわけではない。大切なことは、お金を使うべきところと、使うべきでないところをはっきりと区別することであり、また、お金を使ってもいいが、どれくらい使ったのかは自分でもしっかり記録しておく、ということである。

お金を使わなければ貯まっていくとはいえ、使うべきところでは使わなければならない。

たとえば、人に対するお金。こういうところでお金を使わないと、ケチであるとか、守銭奴であるとか、悪い噂をたてられてしまう。これでは自分の評価が悪くなってしまう。したがって、人と食事をするときのような場合には、せめてワリカンか、できればほんの少し多く自分が出すようにしたい。

贈りものやプレゼントもそうである。こういうところでケチケチするのはよくない。贈りものをするのなら、相手が喜んでくれそうなものを選ぼう。

ただし、お金をそのままあげようとするのは生々しすぎるのでやめておこう（たぶんいないと思うが）。

英国エクセター大学のポール・ウェブレ

イは、82名の大学生に、贈りものとしてプレゼントとお金がもらえるとしたらどうか、と尋ねてみた。するとプレゼントを断ると答えたのは82人中17人だったのに、お金を断ると答えたのは65人もいたのである。お金そのものはさすがに受け取りにくいということだろうか。

　また、自分自身の経験になるようなことに、お金をかけてもいい。

　資産30億円を超えるオンラインスクール学長の高嶋美里さんは、お金を使うなら、使うべきところにかけたほうがいいと指摘している（『SPA!』２０１４年6月3日号）。高嶋さんは、徹底的にお金を省くところと、しっかりお金をかけるところを区別しているそうだ。

「年に数回しか使わないものはレンタルで十分。アクセサリーもつけないし、服もこだわらない。自分の経験になるものならお金を惜しまないが、外見を飾っても何の利益もない」というのが高嶋さんの考えだ。

　自動車を所有すると、ガソリン代もかかるし、都内では駐車場代もバカにならない。維持費や税金を考えたら、タクシーのほうがはるかに有用である。カッコいい自動車を乗り回したいというのは、単なる見栄であり、そういうお金の使い方はバカらしいともいえる。

　その点、旅行に出向いたり、オペラを観に行ったりするのは、自分にとっての経験になる。そういうところにはお金を惜しまないほうがいいのである。

CHAPTER 4

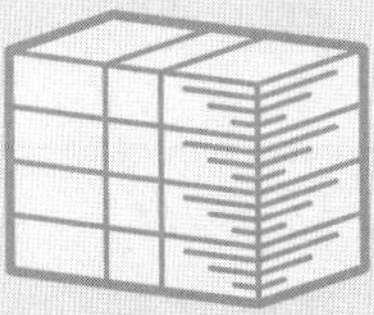

高額所得者の成功法則に学べ！

お金持ちたちが心がけている「人間関係」

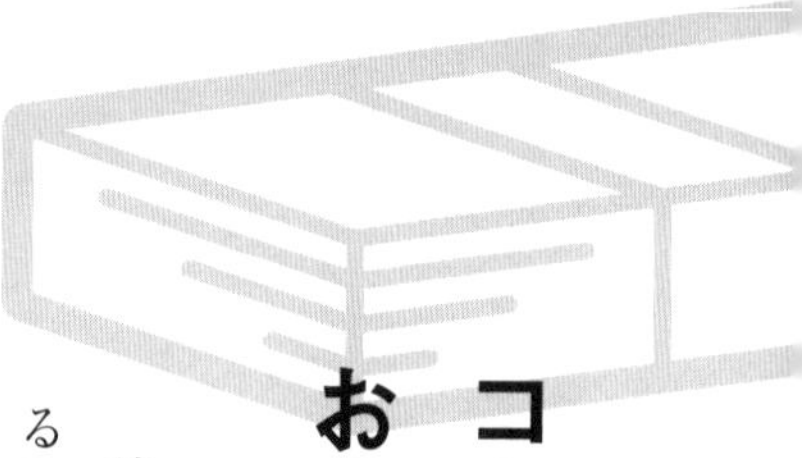

コネ作りの上手な人がお金持ちになれる

読者のみなさんは、社内外の人間関係に対して、どれだけ積極的なかかわりを持っているであろうか。もし、あまり積極的に人付き合いをしていないというのなら、明日からではなく、今すぐ人付き合いにも力を入れるようにしてほしい。

上手な人付き合いの技術のことを、心理学では**「政治スキル」（ポリティカル・スキル）**と呼んでいる。

「政治」という言葉があるところから想像ができると思うのだが、いろいろなところでコネを作ったり、上手な根回しができる技術のことを「政治スキル」と呼ぶのである。政治家として成功するためには、資金力や政策立案能力などがあることも大切だが、それ以上に「政治スキル」（人付き合いの技術）の高さのほうが重要だともいわれている。

日本は「コネ社会」だといわれるが、これは日本だけに限らない。

アメリカだって、中国だって、韓国だって、ドイツだって、ほかのアフリカの諸国だって、コネがモノを言う社会である。コネがなければ事業も展開できないし、仕事もできないのが普通だ。別に日本だけがコネ社会なのではなく、人間の暮らしている社会は、たいていコネ社会なのである。

どこの社会もたいていコネ社会なのであるから、政治スキルを持っている人ほど、当然ながら、仕事はうまくいく。

ドイツのボン大学のゲルハルド・ブリックルは、社会人１３５名に政治スキルを尋ねるテストを受けてもらった。

たとえば、次のような質問である。

「私は職場で、だれがキーパーソンだかわかっている」
「私は職場のキーパーソンとコネを築いている」
「私は職場の人間関係（だれがだれを好きなのか、どんな派閥があるか）をよく知っている」

これらの項目の合計点で政治スキルを出してみる一方で、１年後の再調査で昇進と収入との関連性を調べてみると、政治スキルの高い人のほうが、昇進も収入アップもどちらも見られたという。

人付き合いに熱心になり、さまざまなところでコネを作ることは、単なる労力と時間のムダ遣いだといって嫌う人もいるであろうが、その考えは間違っている。

労力や時間のムダどころか、むしろメリットしかない行動である。

だれに対しても自分から挨拶をするとか、名刺交換をするだけでなく、その後も頻繁にメールを送るとか、フェイスブックなどのＳＮＳでお互いに情報をやりとりするとか、そういうところで「マメな人」ほど、仕事はうまくいく。

「コネ作りなんて、なんだかいやらしくて自分はやりたくない」という人は、残念ながらお金持ちにはなれない。たとえ知り合ったばかりであろうが、遠慮なくどんどん自分から飲みに誘うくらいのパワフルさがないと、成功はおぼつかないのではないかと思う。

だれに対しても愛想よく接する人が成功する

コネ作りの達人を目指すためには、いつでも愛想よくふるまっていなければならない。

「必要な人にだけ、必要になったときにだけ、愛嬌を振りまけばいいや」という打算的な考え方をする人は、たいていコネ作りがうまくできない。

コネ作りは、政治スキルという立派な技術。

そして技術というものは、練習すればするほど上達するものである。

普段から、だれに対しても愛想よくふるまっている人は、それだけ「練習量が増える」ので、コネ作りもうまくなる。

ところが、相手によって態度を変えるような人は、相対的に「練習量が減ってしまう」ので、いざというときにもうまく愛嬌を振りまくことができないのだ。

お客さんによって態度を変える店員がうまく接客できないのは、お客さんによって態度を変えずに愛想よく接客する人に比べて練習量が少なくなってしまうからだ。

相手を選んで挨拶をしている人のことを考えてみよう。たとえば、Ａさんは、相手を選びながら、１日に5回の挨拶をしていると仮定する。

ここにＢさんという人がいて、Ｂさんは、だれに対しても、たとえば、自分とは直接に仕事で関係のない他部署の人や、出入りの業者や、受付係の人や、守衛さんなどにも挨拶をしている。１日の挨拶回数は、１００回としよう。

すると、単純に考えて、ＡさんよりＢさんのほうが毎日20倍も挨拶の訓練と練習をしていることになる。どちらが気持ちのいい挨拶ができるようになるかは、言うまでもない。

ドイツにあるフリードリヒ・アレクサンダー大学のハンス・ウォルフは、サービス業や製造業、貿易業などに従事する４５５名の人にコンタクトをとり、４年間での給料や昇進の変化を調べさせてもらった。その一方で、どれだけ積極的にネットワーキング作りをやっているのかも教えてもらった。

すると、**ネットワーキング作り（つまりはコネ作り）に精を出している人ほど、昇進の回数も多く、給料も上がっていた**のである。ウォルフによると、会社のイベントには嫌がらずに参加するとか、他部署の人にアドバイスをもらいに行くなど、積極的に人脈を広げようとすることが大切であるという。

打算的に相手を選んで愛想を見せるのはやめたほうがいい。たとえ嫌いな人や苦手な人が相手でも、「まあ、愛想を見せる練習台にさせてもらうか」と考えて、いつも以上ににこやかに接するのがポイントである。

しかもありがたいことに、**嫌いな人ともニコニコして付き合うようにすると、相手の頑なな態度もそのうちに軟化してきて、こちらに対して驚くほど親切にふるまってくれるようになる**という、おまけまでついてくることも多いのである。

アメリカで一番人あたりがよいといわれたベンジャミン・フランクリンは、自分のことを毛嫌いしているような相手のところにも、物おじせずに出かけて頼みごとをしたという。そのうち相手のほうも態度が変わってきて、終生の友情も芽生えたそうだ。

フランクリンのこの姿勢は、お金持ちになりたい私たちも見習うべきであろう。

ごく普通に「給料を上げてほしい」とお願いしてみろ

「給料を上げてほしいな」と心の中でいくら念じていても、相手には伝わらない。上司は、占い師や読心術師ではないからである。

給料を上げてほしいのなら、きちんと声に出してお願いをしなければならない。声に出して自分の願いを伝えるからこそ、相手には伝わるのだ。

もちろん、給料を上げてもらえるかどうかは、みなさんの普段の仕事ぶりによる。仕事ぶりがきちんと評価されていれば、給料は上げてもらえる。お願いしなければ、給料を上げてもらえる確率は、「絶対にゼロ」だが、お願いしてみれば、少なくともゼロではない。

米国ヴァージニア州にあるジョージ・メイソン大学のミッシェル・マークスは、さまざまな職業で働く3年以内の新卒社員を対象にして、給与交渉をするかどうかについて調べてみた。

調査したのは１４９名の新卒社員だったのだが、会社側と給与交渉したのは１１０人。しなかったのは39人だ。調べてみると、給料が上がったのは、「交渉した人だけ」であり、昇給の平均は４９１３ドルであった。興味深いのは、交渉しなかったのに昇給したというのは「ゼロ」であったことである。

「給料を上げてほしい」とお願いしなければ、給料が上がらないのは当たり前である。なぜなら、「今の給料でも大丈夫なのかな」と会社側が思うに決まっているからである。

相手にしてもらいたいことは、どんどん口に出して伝えなければダメだ。

伝えもしないで、心の中で、悶々《もんもん》としていても仕方がない。相手には、みなさんが何を考えているかなどわかるわけがないのだから、いくら心の中で思っていてもダメなのである。察してくれない相手が悪いのではなく、伝えないこちらのほうが悪いのだ。

米国国立老化研究所のアンジェリーナ・サッシンも、性格テストを受けてもらった７３１名のうち、前年度の年収を教えてくれた６３１名分のデータを分析したところ、年収の高い人ほど、「自己主張が強い」という結果を得た。

自分が何を望んでいるのかをきちんと自己主張できる人ほど、年収は高くなるようである。やはり、多くを望んでいるのなら、それを相手にも伝えなければダメなのであろう。

夫に対して、不満を感じている妻がいるとしよう。夫は、帰宅するなり洋服は脱ぎ散らかすし、食器を洗うこともせず、ゴミ出しもしてくれないとする。

けれども、それは不満を伝えない妻のほうにも少しは問題があるのではないだろうか。夫だって、妻に嫌がらせをしようとしているわけではなく、ただ「お願いされていない」から、いつもの行動をとりつづけているという可能性は非常に高い。

「ねえ、洋服は脱いでもいいけどソファの上に投げ出すんじゃなくて、そのまま洗濯機に放り込んでくれないかしら」とお願いしてみれば、夫のほうも、「そうか。じゃ、これからそうするよ」と答えてくれるかもしれない。「出かけるときに、手に持ってるだけでいいから、ゴミ袋も１つ、２つ収集所まで持って行ってよ」とお願いすれば、「わかったよ」と気軽にＯＫしてくれるかもしれない。ただお願いするだけで、拍子抜けするほどあっさり夫がＯＫしてくれて、問題が解決してしまうことも少なくないのだ。

給料に不満を感じているときも同じだ。お願いしないから、いつまでも心に鬱憤《うっぷん》やらストレスが溜まるのであって、率直にお願いしてみれば、意外にどうということもなく給料を上げてもらえることもあるのである。

お金持ちは「メンター」によって、力を引き出してもらっている

お金持ちになりたいといっても、自分だけの力でそれを達成するのはとても難しい。**お金持ちになるような人は、たいてい「自分を引っ張り上げてくれる」ようなお客さまや取引先、先輩や上司がいるもの**である。

アメリカの画家ウォルター・ラッセルは、少年時代にホテルでボーイの仕事をしていた。ラッセルは仕事が大好きだったので、とても精力的に働いていた。そんなラッセルを見て宿泊客たちはチップを渡そうとするのだが、ラッセルはだれからもチップを受け取らなかった。

「ちゃんとお給料はいただいていますし、仕事が大好きですから」というのがチップを受け取らない理由である。そんなラッセルに、どのお客も好感を抱いた。

そのうちお客は、ラッセルが空き時間にやっているスケッチに関心を示すようになった。

そして、チップを渡す代わりに、「あなたの描いている絵を売ってくれ」とお願いするよ

うになったのである。こうしてホテルのお客たちがラッセルのパトロンになってくれて、ラッセルは画家としてやっていくことができるようになったという。

「私は、だれの力も借りずに、自分ひとりでやっていくんだ！」というのは殊勝な心がけではあるが、現実的には、成功する可能性はきわめて低い。お客さまにかわいがってもらい、上司や先輩たちからも好かれるような人でなければ、なかなか上にあがっていけないのではないかと思う。

オクラホマ大学のウィリアム・ホワイトリーは、大学のＭＢＡクラスの卒業生４０４名を調査し、昇進が早く、高収入を得ている人は、みな上司や先輩からかわいがられる存在であることを確認している。

お金持ちになった人の本を読むと、たいてい「メンター」についての記述がなされている。メンターというのは自分に仕事を教えてくれたり、精神的な支えをしてくれる先輩や上司や師匠のことを指す。

お金持ちは、メンターたちによって「力を引き出してもらっている」のであり、自分ひとりの努力だけで伸びていくわけではない。お金持ちには、必ずといってよいほど、メンターがいるものだ。

私自身、こうして出版のお仕事をさせていただくようになったきっかけは、大学院時代の先輩のおかげである。現在、執筆だけでなくセミナーや講演などで活躍されている心理学者の伊東明さんは、私の先輩にあたる人であるが、伊東さんから「一緒に本を書いてみようよ」と持ちかけられたのが、私が作家になれた理由である。

出版社にコネもなく、原稿を持ち込むだけの勇気もない私には、伊東さんというメンターがいてくれたことが、本当に幸いであった。伊東さんが企画書を書いてくれたり、いくつもの出版社に持ち込んだりしてくれたおかげで今の私がある。いくら感謝してもしたりないほど、伊東さんには感謝している。

自分ひとりでどうにかしようというのは、やはり現実的にムリがある。**だれかに引っ張り上げてもらうことは、別にズルいことでも何でもないし、それが普通のやり方なのであるから、どんどん人の助けを借りよう。**

富裕層たちは、いつでも感情が一定に安定している

前日には、怒鳴り声を上げて部下を叱責していたと思ったら、翌日にはカラリとした表情で何事もなかったかのように気さくに話しかけるような人がいる。ジェットコースターのように気分の移り変わりの激しい人だ。

そういう人も、気分の変化のパターンをつかんでしまえば、そんなに相手をするのは難しくないのだが、それでもやはり付き合いにくいと感じる人のほうが多いであろう。他人に敬遠されるタイプであるともいえる。

感情はできるだけたえず一定に安定していたほうがいい。

心理学では、これを「**感情的安定性**」と呼んでいるのだが、コロコロと気分や感情が変わるようでは、お金を稼ぐ人にはなれない。

オランダにあるティルビュルフ大学のジョン・ゲリッセンは、オランダ国内で行なわれ

た家庭調査をもとに、約4000名の性格と収入との関連性を調べてみた。

その結果、男性にしろ、女性にしろ、「感情的安定性の高い人ほど収入が多い」という傾向が確認されたのである。

またゲリッセンによると、「外向性」(明るさや快活さ)という要因も、収入を予測できることをあきらかにしている。この点については、ほかの項目ですでに述べてきた通りである。

織田信長は、しょっちゅう癇癪《かんしゃく》を起こしていたというが、きわめて感情が安定しない人物だったのであろう。リーダーシップはあったのかもしれないが、こういう人物はやはりどこかで躓《つまず》いてしまうものである。

その点、徳川家康のほうは、どんなにつらいことがあっても、どんなに苦しいことがあっても、それを顔に出したりはせずに、じっと忍従するようなタイプであった。感情的安定性が高かったわけである。

商売人としては、信長タイプよりも、家康タイプを目指したほうがうまくいく。しょっちゅう気分が変わるのでは、周囲の人たちも扱いにくいと感じるからだ。

些細《ささい》なことで気が動転してしまう人や、小さなミスでヒステリーを起こすような人は、なかなかお金持ちにはなれない。どんなに大変な状況に置かれても、涼しい顔をしていたほうが、大物っぽい雰囲気も出せる。

たとえ資金繰りに困っていたとしても、涼しい顔をしていれば、取引先なども「あそこの会社はまだ大丈夫」と思ってくれる。資金繰りに困ったからといって、あわてて金策に走ったりするので、「あそこはヤバい」という噂が立ち、銀行もお金を融資してくれなくなり、倒産してしまうのだ。


感情を安定させることは非常に大変だとは思うのだが、こればかりはとにかく動揺しないように自分を鍛えるしかない。

「うわぁ、どうしよう……」という事態が発生しても、なるべく落ち着いた顔をして、あわてて何かをしようとするのではなく、どっしりと腰を落ち着けてふるまうという訓練をくり返すしかない。

あるいは、「私は徳川家康なんだ」とか「私は西郷隆盛なんだ」と、落ち着いて風格のある人物について考えてもいいだろう。

「家康だったら、こんなときどうするか？」と考えながら行動するようにすれば、あわてて何かしようという気持ちにもならないはずだ。

米国第26代大統領のセオドア・ルーズベルトは、政治的にとても難しい判断が求められることが何度もあったが、そんなときには部屋の壁にかけてあったリンカーンの肖像画を見て、「リンカーンなら、この問題をどう解決しただろうか？」と考えて落ち着きを取り戻したという。

このように**理想の人物を真似する**というのも、けっこう便利なやり方なので覚えておくとよい。

出世して年収を増やしたいなら、「カメレオン人間」になれ

カメレオンは、周囲の環境に合わせて自分の体の色を変化させる。木に登るときには茶色になり、葉っぱに隠れるときには緑色になる。そうやって自分の体の色を変化させることで、周囲に溶け込んで見えなくし、天敵から身を守っているのである。

人間においても、自分が置かれた環境に上手に適応していける人がいる。

たとえば、飲み会で盛り上がっているときには、だれよりもバカになって場を盛り上げるとか、真剣な会議のときには、神妙な顔をして発言をするといったことができるのである。

ペンシルバニア州立大学のマーティン・キルドフは、そういうことが得意な人間を**「カメレオン人間」**と名づけた。そして、「カメレオン人間ほど出世する」という、まさにそのままのタイトルの論文を専門誌に発表している。

カメレオン人間は、その場その場の状況に応じて、柔軟に自分を変化させることができる人だ。そういう人のほうが、「場の空気を読んだ言動」ができるので、周囲の人たちにも好ましく受け入れてもらえる。するとどうなるかといえば、どんどん出世していくに違いない、とキルドフは仮説を立ててみた。

この仮説を検証するため、キルドフは、大学のMBAコースの修了生に5年後にコンタクトをとった。そして、どれだけカメレオン人間なのかの度合いを調べるテストをする一方で、5年間でどれだけ昇進したのかも教えてもらったのである。

すると、やはりキルドフの仮説通りであった。**カメレオン人間ははっきりと昇進が早い**という傾向が確認されたのである。

会社で出世したいのであれば、「自分は何がしたいのか？」ではなく、「周囲の人は、自分にどんなことを期待しているのか？」を見抜くことが大切だ。

自分が何をしたいのかは関係がない。他人が自分をどう見ているのか、という視点を持って行動するようにするのだ。職場全体の場の空気を読んで、みんなが感じていることを代弁するようなことを言うのだ。

たとえば、飲み会の途中に、参加者たちがそろそろ帰りたいなと感じていることを察したら、「明日の仕事もありますし、そろそろお開きにしましょうか」と提案するのである。すると、みんな同じことを考えているので、ホッとした顔をして「そうだな、そうしよう」と同意してくれる。言いたくても言い出せないという気持ちを察して、お開きの提案をしてくれたあなたに感謝の念を抱くであろう。

本当はみな残業などせずに帰りたがっているときも同様である。こんなときも、「さあて、仕事も一区切りついたんで、少し早いけど、僕はあがらせてもらいますね」とみんなに聞こえるように言うのだ。すると、「じゃ、私も」と追従してくる人がけっこういるはずだ。

カメレオン人間になるためには、場の空気を敏感に察するという高度な能力が求められるものだが、**「自分が何をしたいか」ではなく、「ほかの人が何をしたがっているか」を考えて常に行動するようにすると**、自然にそういう能力も磨かれていく。

「かわいげのある人間」だけが、お金持ちになれる

お金を稼ぐ人は、かわいげのある人である。「ドジでダメなところもたくさんあるけど、それでもあいつって憎めないよな」と言われるような人ほど成功する。これは、おそらくどんな職業で働く人にも言えるのではないかと思う。

お金を稼ぐ人は、みな有能で、仕事ができる人ばかりなのか。

いや、決してそんなことはない。

むしろ、**仕事など少しくらいできなかろうが、〝かわいげのある人間〟のほうが、ほぼ確実にお金持ちになれる。**なにしろ、カワイイのだから。周囲の人たちが、つい面倒を見てしまいたいという気持ちになってしまうのだから。

スコットランドにあるストラスクライド大学のニコス・ボジオネロスは、さまざまな会社の１７６名のＣＥＯについて調べて、「上司にたくさんかわいがってもらう」ことが自

分の出世に役立った、という回答を得た。

「新人の頃は、本当にみんなに迷惑をかけまくりました。けれども、当時の上司にとにかくかわいがってもらって、いろいろ教えてもらったので今の私があるんです」

多くのＣＥＯが、口をそろえてこう述懐をしているのである。

では、どうすればかわいげのある人間になれるのかというと、ボジオネロスによれば、「心の開放度」（オープンネス）の高い人であるという。

何事に対しても好奇心を持って、がんがん首を突っ込んでいくようなタイプほど、かわいがってもらえるようだ。

だいたいどの会社もそうだと思うのだが、自分のやりたいことをいきなりやらせてくれる会社などはない。特に、新人に対してはそうである。不本意な仕事をやらされることもいっぱいあるであろう。むしろ、そのほうが多いであろう。

そんなときでも、心の開放度の高い人であれば、「ふうん、そういう仕事はやったことはないけど、なんだか面白そうじゃん」という前向きな姿勢で受け入れる。未経験のことに対して、最初から拒否的な態度をとらないのが彼らの特徴である。そういう姿勢は、上司からすると、ものすごくかわいげがある。

新人のうちには、とにかく何でも受け入れるという、心の開放度の広さを持つことが大切だ。

四の五の言わずに、とにかく上司や先輩に何かを言われたときには、「ハイッ!」と大きな声で受け入れるような人ほど、どんどん出世していくし、昇給もしていくものなのだ。

私は、これまでに200冊以上の本を書かせてもらっているが、その理由は私が〝カワイイ作家さん〟だからであろうと思っている。何しろ、私はどんなテーマの本の依頼も断ったことがない。

編集者から、「こういうテーマで執筆してもらえますか?」と言われたら、喜んで引き受ける。私は、健康心理学の本も書くし、ビジネス心理学の本も書くし、恋愛心理学の本も書くが、それは私にもともと節操がないというのもあるが、頼まれたことは何でも引き受けるタイプだからだ。

なんだか自画自賛になってしまうが、私自身もこれでうまくいっているので、ぜひみなさんにもオススメしたいのだが、**頼まれたことは何でもホイホイと引き受けて、「イヤです」とか「やりたくありません」とは口が裂けても言わないような人間になろう。**そのほうが絶対に仕事はうまくいく。

よい上司とめぐり合った人ほど、収入は高くなる

これは多分に運に左右される要素なのだが、「よい上司とめぐり合えるかどうか」も、その人が成功するかどうかに影響してくる。残念ながら、「もうこれ以上ないくらいに、とびきり最高の上司にめぐり合えました！」という話はあまり聞かないが。

上司についての悪口があまりに頻繁に聞こえてくるので、おそらく世の中の多くの上司は、それほどすばらしいとは言えないのかもしれないけれども、「よい上司とのめぐり合い」がその人の人生を決めるという研究があるので、一応、ご紹介しておきたいと思う。

南フロリダ大学のレイチェル・デイは、カスタマーサービスや、情報テクノロジー関連の仕事をしている人たちに年収を教えてもらう一方、上司についても質問してみたのだが、**よい上司とめぐり合っている人ほど、収入は高かった**のだ。

ちなみに、よい上司とはどんな上司かというと、「この人みたいになりたい」と自分が

憧れを抱けるような人である。自分にとっての、ロールモデルとなる人物だ。ロールモデルというのは、「お手本」という意味である。そういう人が身近にいれば、その人を真似することによって自己成長していくことができる。

また、面倒見がよく、何かと世話をしてくれる上司がいると、デイによれば仕事のモチベーションがアップして、それが年収を引き上げる効果をもたらすそうである。よい上司にめぐり合うことはとても大切なのだ。

もちろん、世の中にはそんなによい上司ばかりではないだろうから、そういう場合にはどうすればいいのだろうか。

上司は、自分では選ぶことができない場合がほとんどなので、もし運悪く、最低、最悪の上司についてしまったら、どうすればいいのか。

こんなときに一番の方法は、**その上司を「反面教師」とすること**である。「こういう人には絶対になりたくない」と固く心に誓って、その人がやっていることとは、正反対のことをするようにするのである。

時代的なものもあったのだと思うが、私が大学生の頃の教授というのは、20分くらいは平気な顔をして遅刻して教室にやってくるのが常であったし、わからないところがあるので質問をしに行っても、「私の本を１００回読んでから来い！」などと、まったく理解不能な返答をされるのがオチであった。もし私が大学の先生になったら、こういう先生には絶対になるまい、と強い決意を持つ上では、大いに役に立った。私は、現在、大学の先生もしているが、昔の先生を反面教師としている。

上司とソリが合わないからといって、それでもすぐに仕事をやめてしまうのはどうかと思う。

最悪の上司の下でも、学ぼうと思えばいろいろ学べるものであるし、特に若いうちには「これも修行だ」と割り切って、精神的に忍耐力を鍛えるトレーニングをしておくのは、長い目で見ると決してムダにはならない。

仕事「以外」の努力が、意外にモノを言う

英国にあるボーンマス大学のクリストファー・オーペンが、オーストラリアにあるさまざまな企業で、少なくとも5年以上勤務している人を対象に行なった研究がある。どういう人ほど、たくさん給料を稼いで、昇進回数も多いのかを調べる研究だ。

その結果、稼ぎが多くて、昇進する人には面白い特徴が見られた。

彼らは、仕事「以外」のところで精を出していることがわかったのだ。自分の仕事に直接はかかわりがない「人付き合い」に精を出していたのである。

オーペンによると、給料の上昇率と昇進回数が高い人ほど、「電話でほかの社員とゴシップを話したりする」「ランチはほかの社員と一緒にとるようにしている」「会議の前と後とでほかの参加者とおしゃべりするようにする」「パーティには必ず出るようにしている」など、仕事とは関係のないところで頑張っていたそうである。

そういうところで精を出すことで、社内にどんどん味方を増やしていけるような人ほど、

成功しやすいと言えるであろう。

読者のみなさんは「社内営業」という言葉を聞いたことはないだろうか。

普通、営業といえば、社外のお客さまや取引先に商品やサービスを売り込んでいくことだ。ところが、社内営業というのは、職場の人たちに、自分自身を売り込んでいくことである。

オーペンの研究からわかる通り、**お金を稼ぐ人は、「社内営業がうまい」**と言ってもよいであろう。

社内営業はどんどんやったほうがいいのだが、なぜか、それをやっている人はそんなに多くない。日立ソリューションズで行なわれた調査によると、「あなたは社内営業をやったことがありますか?」という質問に、87・6%が「ない」と答えたそうである。9割もの人が、社内営業をやらないのだ。

なぜ、自分の成功にも役立つのに、社内営業をやらないのか理解に苦しむ。自分の仕事とは関係がないと思ってしまうのであろうか。

社内営業というのは、別にだれかれかまわず、頭をペコペコと下げまくることではない。

社内のコミュニケーションを円満にするため、だれに対しても話しかけるだけでもいいのだ。

会議が終わったら、すぐに自分の席に戻ろうとするのではなく、軽く隣の人と雑談をするのもいい。トイレで顔を合わせたら、何か一言、二言話してみるだけでもいい。そんなことでも、立派な社内営業になる。**とにかく、社内のだれに対してもどんどん話しかけたほうがいい。**

「そんなのは私の仕事ではない」と言わないでほしい。ほんの数秒、おしゃべりをするかどうかでも、職場の人間関係がイキイキしてくるか、気持ちよく仕事ができるかに大きな影響を与えるのであるから。

上司とランチを食べる人はお金が稼げる

仕事以外のところでのやりとりが、意外に重要であるという話をした。たとえつまらない世間話であろうが、他愛ない雑談であろうが、すればするほど、やればやるほど、人間関係は親密になっていくものであることを考えると、これはなんとなく予想できる。

私は心理学者なので、どんな人ほどお金を稼げるのかを見抜くことができるが、そういう指標のひとつに**「上司とランチをするかどうか」**がある。

「あなたは上司とどれくらいランチをとってますか?」と質問すれば、その人がどれくらいお金を稼げる人なのかが、ある程度は読めるのだ。

上司とたくさんランチをとる回数が多い人ほど、ぐんぐん出世するであろうし、お金もたくさん稼げるようになる。

米国セントアンブローズ大学のモニカ・フォレットは、大学のビジネススクールの卒業生1180名にコンタクトをとり、失業の人などを除いて分析してみたことがある。どういう人ほど稼ぎが多いのかを調べることが目的だ。

フォレットは、人脈作りこそが稼ぎに直結すると仮説をたて、人脈作りを5つのカテゴリーにわけて、稼ぎとの関連性を調べてみたのである。フォレットが取り上げた、人脈作りは次の5つだ。

「維持」にかかわる要因（名刺を配る、名刺をもらう、メールでのやりとりなど）
「社交」にかかわる要因（社内行事への参加、同僚やお客さまとのゴルフやテニスなど）
「イベント」にかかわる要因（各種イベントやショーへの参加など）
「コミュニティ活動」にかかわる要因（地元の教会や団体への参加など）
「上司」にかかわる要因（上司とランチを食べるなど）

稼ぎについては1年間にもらうすべてのお金の合計とした。給料、コミッション、ストックオプション、ボーナスなどの合計をその人の稼ぎとして、稼ぎを予測するための分析をしたところ、一番大きな影響力を持っていたのは、「上司」にかかわる要因であることがわかった。**上司とランチをよく食べる人ほど稼ぎは多い**という結果が得られたのである（ちなみに、2位は「イベント」にかかわる要因で、3位は「維持」にかかわる要因)。

お昼は、さっさとひとりで食べに行くという人がいる。「ひとり飯」という言葉もあるようだ。「食事は気楽にひとりで」というのも、合理的な発想といえば合理的なのかもしれないが、私はあまりオススメしない。

「〇〇さん、ランチに行きましょう」と上司を誘うのが正解である。応じてくれるかどうかは、むこうのその時々の都合にもよるだろうが、一声かけるのはそんなに大変なことでもない。

それにランチを一緒に食べるようにすれば、それだけ上司に目をかけてもらいやすくもなるだろうし、それが出世の糸口になることも期待できる。「ひとり飯」ではこうはいかない。

人間は、一緒に何かを食べることで親密になることができる。どうせランチをとるのであれば、上司や同僚や後輩を誘って食べに行くのがよいだろう。

お金持ちになりたいなら、無償で人のために骨を折れ

お客さまや取引先の社長などにかわいがってもらえる人は、無償でいろいろなことをしてあげられる人だ。面倒くさがらずに、無償で骨を折ってあげるからこそ、かわいがってもらえるのである。

松下幸之助さんは、若い頃に電灯の修理を頼まれたときには、頼まれていないところまであちこち修繕して帰っていったという。頼まれていないところを修繕しても1円ももらえない。けれども、そうすることでお客からの信頼を勝ち得たことは容易に想像がつく。

世界中の超富裕層たちと会い、そのライフスタイルを取材してきた栗原伸介さんは、富裕層でない普通のサラリーマンが富裕層になるには、金持ちに引っ張ってもらうのが一番の近道だと述べている（『SPA!』２０１7年5月9日号）。

栗原さんは、ある社長の事例を挙げている。その社長がまだサラリーマンだった頃、ベンチャー企業の社長さんと知り合いになり、ホームページの作成をしてあげたり、システ

ムを無償で作ったりしてあげたという。自分のスキルを無償提供してあげたのだ。

　するとそのベンチャーの社長に非常にかわいがってもらえたらしく、「今度、事業を大きくするつもりだから、キミも僕の仕事をやりなよ」と、のれん分けする形で社長になれたというのだ。


　人に親切を施すことは、結局、まわりまわって自分のところに戻ってくる。

人に善意を施すことは、決してムダにはならない。なぜなら、善意を受けた相手は、どんな人であっても少しは恩義を感じるものであり、「いつかは恩を返したいな」と思うのが普通だからである。恩を受けっぱなしですませるということはない。恩を受けたままだとなんとなく心苦しい気持ちになって、恩を返さないわけにはいかない、という気持ちになるのである。

　デンバー大学のポール・オルクは、ビジネスシーンにおける友情についての研究を行ない、人を助けると、自分も助けてもらえることをあきらかにしている。オルクによると、他人に親切にするほど、援助をすればするほど、自分も同じような親切や援助を受けやすくなるそうである。

　ビジネスシーンは、普通の人間関係に比べて、どこか表面的でクールな関係であるかのような印象を持たれがちであるが、オルクによれば、そんなことはないという。たとえビジネスシーンであろうが、人は受けた恩は返そうとする。「恩を受けっぱなしなのに、平気な顔で無視する」というケースは、ほとんどないと思っていい。

だれに対しても、自分にできることなら無償で自分の力を相手に提供してあげよう。

「お金にならないのならイヤだ」などと打算的にならないでほしい。ちゃんと相手は恩に感じてくれるし、そのうちに機会があれば、ちゃんと見返りを戻してくれるものである。

「人嫌いは成功しない」はウソである

たいていのビジネス書には、「とにかく人付き合いが大切なんだから、四の五の言わずに、人付き合いに精を出せ」と書かれていたりする。

これは、ある意味で正しい。本章でも、人付き合いの大切さを述べてきた通りだ。

お金持ちについて調べてみると、たしかに「社交性」や「外向性」が高いという基本的な傾向も確認される。

ところが、では人と接するのがあまり得意ではないとか苦手な人は、絶対に出世も昇給もできないのかというと、そんなこともない。むしろ、「そういう人嫌いほど成功する」という分野も、実際にあるのである。

イスラエルにあるインターディスプリナリ・センターのツァチ・アインドールは、たとえば「スポーツの世界」は、人嫌いほど成功しやすい分野ではないかと考えた。

スポーツの世界では、孤独に耐えて、自分の力だけを頼りに黙々と練習をしなければならない。人嫌いで自分の殻に閉じこもっていてもまったくへっちゃらな人のほうが、成功しやすいはずである。それだけ練習に打ち込めるのだから。

チームスポーツの場合なら、チームメイ

トとおしゃべりをしたり、和気藹々《あいあい》とした雰囲気作りをしなければならないが、個人のスポーツの場合なら、人嫌いのほうが有利なはずだとアインドールは仮説を立てた。

そしてプロのシングルテニスプレーヤー（男性40名、女性18名）に協力してもらって、人嫌いかどうかのテストを実施する一方で、1ヶ月後、2ヶ月後、8ヶ月後、1年後、1年4ヶ月後の公式ランキングを調べてみたのである。

その結果、「人嫌いほどランキングは高くなる」という傾向が確認された。人嫌いほど週あたりのトレーニング日数も多かった。人嫌いな人は、人付き合いをしないぶん、たくさん練習するのだから成功しやすくなるのも当然と言えば当然である。

もちろん、人嫌いが成功しやすいのはスポーツという特殊な世界だけではない。

アインドールは、コンピュータ・サイエンスの分野でも同じ調査を行なったのだが、やはり人嫌いほど成功しやすいという結果を得ている。

コンピュータ・サイエンス業界においても、やはり自分の力だけを頼りに、黙々とプログラミングを組んだりする作業が求められる。こういう分野では、人嫌いなことが、逆に有利に働くのである。

「私は、昔から要領が悪くて、人付き合いも苦手なものですから、出世もできないんでしょうね」と自嘲的に考えている人がいるかもしれないが、そういう人にだって、力を発揮できる分野は必ずある。

ありがたいことに、最近ではテクノロジーの発達とともに、在宅勤務のような形で、ほかの人と接することなしに自分ひとりで仕事ができるような職種も増えてきた。

今後は、ますますそういう形態の仕事は増えていくであろうから、人嫌いだからといって、絶対に成功しないというわけではない。夢と希望を持って、自分に合った形の仕事に精を出すことを考えてみよう。

CHAPTER 5

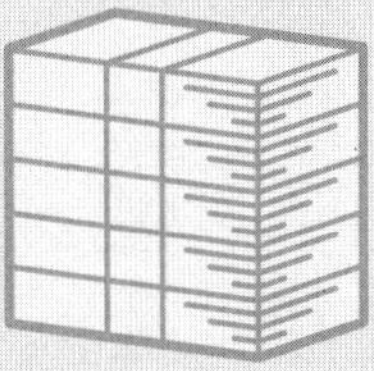

お金が自然と集まってくる!

資産家だけが知っている最強の仕事術

数学の勉強をすれば、それが収入増につながる

お金持ちになりたいのなら、理系が有利だ。数学的な能力というものは、どこの分野でも通用する約束手形のようなものである。

「普通の企業に、数学なんて必要でしょうか？」

「学校で習った数学なんて、実社会で役に立つのでしょうか？」

そんなふうに思う人もいるであろう。

しかし、「数学的な思考」というものは、どこの会社でも役に立つことは言うまでもない。

「こうすればうまくいくのかな？」と仮説を立てながら仕事をやってみること自体、すでに数学的な思考であるし、「ちょっとデータをとってみよう」と分析してみることは、まさしく数学以外の何物でもない。

ソフトバンクの孫正義さんは、「回帰分析をやっていない人の話は聞かない」という通達を社内に出したので、社員たちが必死になって回帰分析の勉強をした、という話を聞い

たことがある。ちなみに回帰分析というのは、物事を予測するのにものすごく便利な統計手法である。心理学でもよく使う。

ともあれ、**数学の勉強をすることは決してムダにはならないので、ぜひオススメする。**これは、どんな仕事をしている人もそうである。計算が早いのはそれだけで有利であるし、数学的な発想、数学的な思考、数学的な分析能力といったものは、どんな業種の人にも必要だと思う。

プリンストン大学のオーレイ・アッシェンフェルターは、男子学生の卒業生１３２２名の年収を調べてみたことがあるが、学生時代の数学適性試験（mathematical aptitude test）において、１点につき年収に2ドルの差がつくことをあきらかにしている。

たとえば、数学の試験において１００点の人と４００点の人には、３００点の差があるので、年収にして６００ドルの差がつくというのだ。

また、米国テネシー州にあるヴァンダービルト大学のデビッド・ルビンスキは、１９７０年代に行なわれた優秀な13歳児研究において、数学の能力が全米トップ１%に入っていた男の子１０３７名と女の子６１３名を40年後に追跡調査したところ、41%は大学教授になっていて、2・3%はフォーチュン５００社（米国の優良企業）のエグゼクティブになっていて、2・4%は弁護士だったそうである。調査者全体では、85冊の書籍を刊行し、7572本の論文を書き、681の特許を取得していたそうだ。もちろん、収入も平均よりはるか上であった。

数学ができることは、あきらかに収入増につながるのである。

別に高等数学をマスターしなさいとは言わないが、物事を判断するときには、何でも数値化して考えるのはいいことだ。人間の主観は当てにならないから、きちんとした数値のデータをとってみると、客観的に判断できるようになる。

「私は仕事ができる人間だ」と思っていても、実際に自分が仕上げた作業量のデータをとってみると、ほかの人とそんなに変わらないか、むしろ少ないということがはっきりとわかったりもする。

レコーディング・ダイエットといって、自分が食べたものの記録（レコーディング）をとるだけで痩せてしまう方法があるが、仕事でもそうで、数値化してみると、自分の客観的な能力や仕事ぶりがはっきりと認識され、自己成長しようという意欲も高まるものなのである。

資産家になりたいなら、労働時間などあってないようなものと心得よ

労働基準法第32条では、「1日8時間まで、1週間では40時間を超えて労働をさせてはいけない」という規定がなされている。いわゆる「法定労働時間」である。

しかし、お金持ちを目指すみなさんにとっては、こんな法定労働時間など、あってないようなものだと心得ておかなければならない。

当たり前のことだが、**しっかりと働けば働くほど、収入は増える**のだ。

それだけお金持ちになれる可能性も高まるのだ。

働くのを嫌がって、労働時間を減らせば、収入も減るのだという当たり前のことをきちんと認識しよう。

自営業者やフリーランスで働く人にとっては、「仕事が終わるまでが仕事」なのであって、そもそも労働時間など考えていない人のほうがほとんどだろうと思う。働けば働くほどお金を稼げることを知っているので、労働時間のことなどそもそも考えたこともないはずだ。

スタンフォード大学のトーマス・ハレルは、スタンフォード大学院のMBAコースを卒業して、従業員1000人以上の大企業に就職した人のみを追跡調査したことがある。ハレルは、稼ぎの多い上位3分の1のグループと、下位3分の1のグループについての比較検討を行なったのだが、両者にははっきりとした違いのある点が見つかった。

それは「週当たりの労働時間」である。稼ぎの多い上位3分の1のほうが、週当たりの労働時間が約7時間長かったのだ。だいたい毎日1、2時間ほど長く働いていることになる。石川啄木は、「はたらけど、はたらけど、猶《なお》わが生活《くらし》楽にならざり」と嘆いた歌を作ったが、これはウソであって、**「働けば働いただけ、稼ぎは増える」のが普通**なのである。もちろん、啄木のようなケースもあるにはあるのだろうが、それはあくまでも例外である。たいていの人の場合、働けば働くほど実入りは増えると思って大丈夫だ。

アップルの創業者のスティーブ・ジョブズも、「仕事の鬼」であった。ジョブズは、ハッタリが上手で、まだ開発もされていない商品を平気な顔で売り込んでいき、契約をとってから連日の徹夜でなんとか商品化したという逸話が残っている。

ジョブズは、「週に90時間、喜んで働こう」とスタッフに呼びかけていたし、労働時間が80時間を切るようなヤツは、落ちこぼれだと考えていたそうである（桑原晃弥著、『スティーブ・ジョブズ名語録』、ＰＨＰ文庫）。

さすがにジョブズほど働けとは言わないが（あきらかに法定労働違反であるし）、最近の人に多く見られるように、できるだけ労働時間を減らしたほうがトクだとか、サービス残業は絶対にやりたくない、といった考え方は、少し違うのではないかと思われる。そんなに甘い考えでお金を稼ごうというのはムリである。

お金を稼いでいる人は、だれよりもがむしゃらに働いている人

スポーツの世界で、ランキングの上位にまで登りつめることができる人たちは、みな才能のある人ばかりなのだろうか。いいや、それは違う。ほかの選手よりも、人一倍練習をしている人たちである。だれよりも汗をかき、練習をいとわない選手だけが一流になれるのである。これはどんなスポーツでもそうである。

プロのピアニストになれる人は、生まれつきの音楽的才能に恵まれた人だけなのだろうか。いいや、そうではない。プロのピアニストと、アマチュアのピアニストをわけるものはたったひとつ、子どもの頃からの毎日の練習量だけだ。

では、ビジネスの世界ではどうなのか。

実は、ビジネスの世界も同じなのである。つまり、**お金を稼ぐ人は、だれよりもがむしゃらに働くことができる人**なのだ。能率よく働こうとか、ラクしてお金を稼ごうという人は、お金持ちにはなれない。

お金持ちになる人は、だれよりもまず仕事熱心でなければならない。

コーネル大学のティモシー・ジャッジは、２つの大学の卒業生（約１０００名）を対象にして、どういう人ほどたくさんお金を稼ぎ、昇進しているのかを調べてみた。なお、調査対象の卒業生たちの平均年齢は34・８歳であり、平均年収は約６万６０００ドル、昇進の回数は平均４・２回であった。

ジャッジはさまざまな要因を含めて、高収入や、昇進回数を予測するための式を出してみたのだが、一番大きな影響を持つ要因は、「週当たりの労働時間」であった。何のことはない、だれよりも長く働いている人が、昇進も多く、収入も高かったのである。

頭がよくて知能指数が高いとか、修士号や博士号の学位を持っているとか、結婚しているとか、いろいろな要因が高収入になれるかどうかを予測するのに役立つが、それらの要因よりも、「どれだけ長く働くか」が一番重要である。

お金を稼ぐ人は、とにかくがむしゃらに働いている。

たとえば、**お金を稼いでいる人は、だれよりも早く出社する。**みなさんの会社でも、月に何回も平気な顔で遅刻してくるような人が一番の高給取りということはないであろう。一番稼いでいる人は、だれよりも出社時間が早いであろう。

また、**一番お金を稼ぐ人は、やはりだれよりも最後に帰宅するような人**ではないだろうか。夕方の4時半になるともうソワソワしだして、5時ピッタリにだれよりも早く帰宅するような人が社内で一番の稼ぎ頭、ということは絶対にないはずだ。

「汗水を垂らすのではなく、スマートに働いてお金を稼ぎたい」
「できるだけラクをしてお金を稼ぎたい」
「株やギャンブルで一気にお金を稼ぎたい」

そういう考えの人は、残念ながらお金持ちにはなれない。お金持ちになるのに、ラクな道はないからである。スポーツの世界や音楽の世界もそうだが、成功するための王道は、とにかくがむしゃらに人一倍努力することなのである。

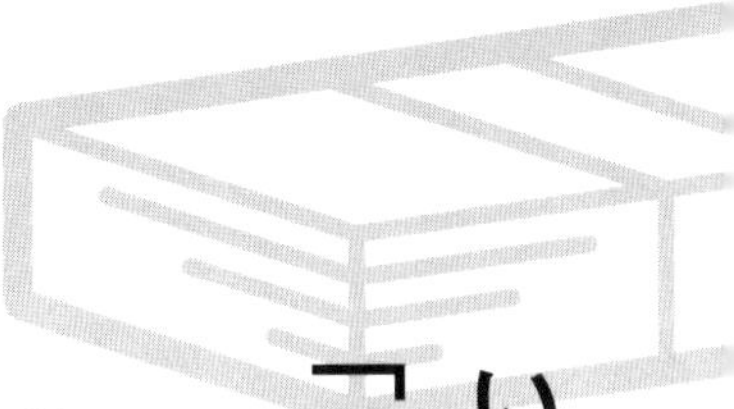

いい意味で、「諦めの悪い人間」になろう

これをやれば、だれでも必ず成功する、という魔法のような方法がある。ものすごくシンプルなやり方なのだが、たいていの人はなぜかやっていない。

その魔法のような方法とは、**「成功するまでやる」**という方法である。成功するまでやれば、成功率は100%。途中でやめてしまうから成功しないのであって、成功するまでやればだれでも成功する。

お金持ちは、いい意味で「諦めが悪い」タイプである。

たいていの人なら、途中で投げ出してしまうようなことでも、彼らは投げ出さない。「もうムリだろう」と思っても、投げ出さない。成功するまでつづける。だから、成功をモノにできるのである。

ノースウェスタン大学のレイチェル・ダニフォンは、約5000世帯のパネルデータをもとにして、諦めの悪さがお金持ちになる秘訣だということをあきらかにしている。

ダニフォンは、１９７２年時点で21歳から29歳だった男性に、約20年後にもう一度コンタクトをとって給料の額を教えてもらった。

その結果、１９７２年時点で、「いったんやり始めたら、最後までやり抜く」という質問に「イエス」と答えていた人ほど、20年後にはたくさん稼いでいることがわかったのである。

スティーブ・ジョブズは、社員から「いつまでこの仕事をするんですか？」と尋ねられると、「終わるまでだよ」と答えていたそうだが、こういう諦めの悪い性格だったからこそ、巨万の富を得ることができたのであろう。「できるまでやる」のなら、成功率は１００％になることは言うまでもない。


私は、これまでに２００冊以上の本を執筆している。たぶん、今は２５０冊近いであろう。多作だと自分でも思う。そのため、雑誌の取材やセミナーなどで、「どうしたらそんなに本が書けるようになるのですか？」と質問されることもあるが、コツなどはない。途中で投げ出さず、「終わるまでやめない」ということをつづければ、だれでもできるのである。

先ほど、お金を稼ぎたいのなら、とにかく働きまくれ、という泥臭いアドバイスをしたが、**働けば働くほど仕事はうまくいく。**

できないのなら、できるまでやるのだ。成功しないのなら、成功するまでやるのだ。そうすれば、だれでも成功できる。

「絶対にお金持ちになってやる」という強烈な意欲を持て

「面倒くさいから、出世なんてしなくてもいいや」
「そんなにあくせくと働いて、お金を稼がなくてもいいや」

このような考えを持っている人は、本人が望んだ通りの結果になる。つまりは、出世もしないし、給料も安いままであろう。

「入れる大学なら、どこだってかまわない」という考えで勉強している受験生が、高い偏差値の大学に合格できるかというと、そういうことは絶対に起きない。本人が「ほどほどでいい」と考えているのなら、やはり「ほどほどの大学」に落ち着くものだ。

仕事もそうで、どんどん出世して、ガンガンお金を稼ぐような人は、やはり人一倍強烈な意欲を持っている。たいして意欲もないままに適当に働いている人が、みるみるお金持ちになっていく、ということは絶対的にありえない。

ハーバード大学のデビッド・マクレランドは、ＡＴ＆Ｔ社で働く２３７名のマネジャーを調査し、意欲があればあるほど、得られる業績も大きくなるという研究結果を報告している。

マクレランドは、入社してから8年後と16年後の昇進回数を調べてみたのだが、「私は上に上がっていきたい」というモチベーションが高い人ほど、昇進回数が多くなることを突き止めている。

アメリカの鉄道王アンドリュー・カーネギーは、「自分から梯子《はしご》を上ろうとしない人間に、梯子を上らせることはできない」という名言を残している。

カーネギー自身、家庭が貧しいということもあったが、強烈な意欲を持って仕事に精を出し、その結果として大金持ちになれた人である。

ソフトバンクの孫正義さんも、まだ若い頃で、２、３人の社員しかいなかった時期から、「将来は豆腐の数を数えるような（一兆、二兆）商売をする」と檄を飛ばすほどの、強烈な意欲を持っていた。**たいていのお金持ちは、とにかく意欲がものすごく強いのだ。**

ほどほどの意欲しかなければ、得られるものもたかがしれている。本人が望んでもいないのに、莫大な財産やビジネスチャンスが自分の懐《ふところ》に転がり込んでくる、ということは天地がひっくり返っても起きないであろう。

私たちが手にするものは、自分が得ようと思っているレベルに落ち着く。**大きなものを手にしようと思っていれば、大きなものが手に入るし、小さなものしか望んでいなければ、手に入るものはどうしても小さなものになる。**

フランスにあるクレルモン・フェラン大学のジーン・クロゼットによると、学校の成績が悪い生徒は、そもそも最初から、「自分は頭が悪いから、たいした点数はとれないだろう」と自分でも思っているそうである。本人が低い点数を期待しているので、低い点数しかとれないのだとクロゼットは指摘する。

私たちの人生は、自分が望んだように変わっていく。「つまらない人生なんだろうな」と思っていたら、本当につまらない人生になってしまう。「平凡なサラリーマンで終わるんだろうな」と思っていたら、本当に平凡なままで終わる。

どうか強い意欲を持ってほしい。自分の人生は、いくらでも意欲で変革可能だということをわかっていただきたいと思う。

「私にはできる」という強い確信を持つことが大切

仕事がうまくいくかどうかなど、神さまでもない私たちには到底わかるわけがない。にもかかわらず、**1億円を稼ぐようなお金持ちは、なぜか「自分ならできる」という強い確信を持っている。**

米国メリーランド大学のロバート・バウムは、自分で会社を立ち上げた229名の起業家にお願いして、6年間にわたる調査をさせてもらった。

毎年、起業家には、「私なら年間○%の販売成長率を達成できる」という確信の度合いを尋ねた。そして、実際の年間販売成長率と、人員の増加数を調べて、ベンチャーの成長度の指標とした。

すると、「私なら○%の販売成長率を達成できる」と強い確信を持っている人ほど、ベンチャーの成長度も高くなることがあきらかにされたのである。

成功する人は、しっかりとした数値目標を心に描いていて、その数値目標と同じくらいの結果を残せていた。

ただなんとなく働くのではなく、「〇%の成長」ということを意識しながら働いたほうが、独立起業家としては成功しやすいということが言えるであろう。

バウムによると、本人がいかに自分を信じているか、「私ならできる」という強い確信を持っているかどうかが、ベンチャー企業の成長率を予測する上で一番大切な要因であったという。起業家にどれくらい確信があるかを調べれば、そのベンチャーの成長率もある程度は予測できると言えよう。

自分の力を信じることは大切だ。

自分なら成長できるということを、決して疑わないことが大切である。そういう自信があればこそ、お金持ちになれるのである。

ただし、そういう自信を持つためには、小さな頃に親からどういう言葉をかけられていたのかもかかわってくる。

小さな頃、親から「お前ならきっとできる！」と言われつづけていた子どもは、大人になっても、強い自信を持つことができるようになることがわかっている。

「お前はダメな子だ」「お前なんてロクでもない人間になる」と親に悪口ばかり言われた

子どもは、大人になってからも自信を持ちにくくなってしまうようである。

もちろん、小さな頃に親にバカにされていた人は大人になってからお金持ちになれる見込みが全然ないのかというと、それも違う。

たとえば、結婚をして、パートナーから、「あなたなら、きっとうまくいく」とたくさん勇気づけられていれば、やはり小さな頃に親にホメられていた人と同じように自信を持てるようになる。また、上司から、「お前は将来、大成するぞ」と期待をかけられても、同じく自信を持てるようになる。

周囲に自分をホメる人がいないのなら、自分からお願いしてみよう。「もっと私のことをホメてくれ」と。たいていの人は、恥ずかしくてホメるのを躊躇しているだけのことが多いので、こちらからお願いすると、「わかった、わかった」と照れながらも、今まで以上にホメてくれるかもしれない。

現状に満足しないヤツほど、大金持ちになれる

現状に満足している人は、それ以上、自己を成長させようという意欲を持たない。満足しているのだから、自己成長の必要性を感じないのである。

たしかに今の自分に満足することはよさそうな気もするが、「成長が止まってしまう」ということを考えた場合には、はたしてよいことなのかはわからない。

「私は今のままでいいんだ」と思った瞬間に、人は、自らの歩みを止めてしまう。

それ以上の努力をしなくなる。

目標が現状維持になってしまうと、だれでも努力などしたがらないのである。

年収７００万円の人が２人いるとしよう。ひとりは、「もう十分に私は稼いでいる」と満足しており、もうひとりは「まだまだ私はこんなもんじゃない。せめて年収１０００万……、いや１５００万は稼ぎたい」と貪欲《どんよく》に考えているとする。

現在、この２人は年収７００万円で同じわけであるが、今後の２人の年収にはどんどん差がついていくであろう。

貪欲なタイプは、さらに頑張るので年収は上がっていくが、現状に満足している人は、そのままか、あるいは逆に下がるであろう。 10年後の２人には、びっくりするほどの差がつくに違いない。

イリノイ大学のサンディ・ウェインは、たえず上昇志向を忘れない人ほど、18ヶ月後の給料の上昇を調べてみると給料が上がっていることが確認できたという報告を行なっている。

「私は組織のヒエラルキーで、さらに上に上がっていきたい」
「３年から５年以内に昇進していないと、私はガッカリするだろう」

といった質問に、「イエス」と答えた人ほど、18ヶ月後の給料はアップしていたのだ。

人間は、成長のための歩みをつづけていないと成長は止まってしまう。「もう十分」ではなく、「まだまだこれから」という意識を持たないと、人は成長できない。

たえず上を見ていないと、自然と歩みが止まってしまうので注意が必要である。

元プロ野球選手の清原和博さんが、まだルーキーだった頃に１００本安打を達成したときに感想を求められて、「２０００本安打まで、あと１９００本、頑張ります！」と答えたのは有名な話だ。

清原選手にとっては、１００本安打など、まだまだ自分の目標の最初の通過点くらいにしか思っていなかったのであろう。こういう意識を持つことが大切だ。

もし自分が目標としているところに到達しそうになったら、目標を変更して、さらに上を目指そう。「とりあえず１００万円を貯金する」という目標をたてたとしても、１００万円近く貯金ができたら、すぐに目標を３００万円、５００万円に変更するとよい。

そうしないと、せっかく１００万円を貯めても、そこで満足してしまって、せっかくの貯蓄をやめてしまうことになりかねないからだ。

根性とガッツがある人だけが高給を手にできる理由

株やＦＸでスマートに稼ぐのが、最近の流行のような印象を受ける。「根性」や「ガッツ」という言葉はもはや死語になっており、だれもそんなことを口にする人はいない。

けれども、あえて私は、根性とガッツの重要性を指摘したい。

根性とガッツがない人間は、何をやらせてもダメだ。

どんな仕事もそうだが、中途半端なところで投げ出さないからこそモノになるのであって、すぐに音を上げて諦めてしまうような人が成功するような業種など、どこにも存在しないのである。

アリゾナ州立大学のチェン・チャンは、平均年齢37歳の２０９名のビジネスマンに性格テストを受けてもらう一方で、6年後の収入を予測するという研究を行なったことがある。

その結果、高収入を得ていたのは、「一生懸命に働く」「つらい仕事も楽しんでやる」「人が音を上げるところでも私は頑張る」といった項目で高得点をあげた人たちであった。ようするに**根性とガッツのある人間ほど、高給を手にしていた**ことになる。

頑張ってもいないのに、多くのお金を得ようというのが、そもそもムシがよすぎるのである。一番頑張った人が、一番お金を稼げるのである。どうして頑張ってもいない人が、高収入を得ることがあるだろう。

本屋さんに行くと、お金持ちになるためのノウハウ本がたくさん並んでいる。「不動産を購入して不労所得を手に入れろ」とか、「株式のデイトレードで儲けろ」と、いろいろな方法が推奨されている。

けれども、本当に大切なことは、根性とガッツなのだ。

根性とガッツは、スポーツで言えば基礎体力にあたる。基礎体力がなければ、どんなテクニックを教えてもらっても、実戦で使うことはできない。にもかかわらず、多くの人が、この基礎体力を軽視しているのは不思議なことだ。

根性もガッツもないくせに、成功ノウハウだけを求めるのは、ロクに練習もしていないのに「どうやったらプロ野球の世界で3割バッターになれますか？」と聞いてまわるのと同じだ。かりにそんな便利なノウハウがあったとしても、そもそも基礎体力のない人には、そのノウハウは使いこなせないであろう。

少しくらいつらいことがあっても、それでも歯を食いしばって頑張るとか、仕事を投げ出したくなっても、そこからさらに２、３時間は粘るとか、そういう根性やガッツがなければ、お金は稼げるようにならない。

なんとも泥臭いアドバイスになってしまって申し訳ないのであるが、大切なことは、我慢と辛抱と忍耐と根性とガッツ。お金を稼ぐのは、そんなに手軽なことではないのだ。

「精神的な打たれ強さ」を鍛えよう！

仕事というものは、順風満帆にはいかない。ビル・ゲイツでも、スティーブ・ジョブズでも、ウォーレン・バフェットでも、世界の大金持ちがその人生で一度も失敗をしたことがないかというと、そんなことはない。

人間である以上、どんな偉人でも、大きなヘマをやらかすことは避けられない。ましてや、平凡な私たちが、仕事がすべて思い通りにうまくいくことなど絶対にない。

仕事はうまくいかないのが当たり前である。

けれども、ここが重要なところなのだが、うまくいかないからといって、いちいち意気消沈していてはダメなのだ。失敗を気にしてはいけないのだ。クヨクヨといつまでも思いわずらっているようでは困るのである。

成功する人たちは、精神的にタフである。打たれ強いのである。どれだけ失敗に打ちのめされようが、柳に風と受け流し、「さあ、つぎに頑張るか」とすぐに気持ちを切り替えるのである。

米国ペンシルバニア州にあるドレクセル大学のビジョウ・ヤンは、ニュージャージー州の不動産コンベンションに参加したセールスマンたちにアンケートを実施し、**「打たれ強い人ほど年収も高い」**という結果を得ている。

だいたいセールスというのはうまくいかないほうが普通であり、１００回中95回は失敗するような仕事であるが、いちいち落ち込んでいるようでは優秀なセールスマンにはなれないのであろう。

打たれ強さを鍛えるコツは、とにかく失敗することに慣れっこになってしまうことである。

さんざん失敗をくり返せば、人間は失敗に慣れるので、そんなにいちいちクヨクヨしなくなる。

エジソンは、白熱電球を発明するにあたって、実に1万回もの失敗をしたそうであるが、これだけ失敗をすれば、もはやほんのわずかの落ち込みさえ感じなくなっていたであろう。失敗をすることにへっちゃらになってしまえば、ストレスを感じることも後悔することもなくなる。

あるいは、失敗したときには、「ナニクソ！」と逆に発奮するように自分を仕向けるのもいい。

マサチューセッツ工科大学のサミュエル・ボーレスによると、職業的に地位の高い男性は、低い男性に比べると「攻撃性」が高いという。攻撃性が高い人は、一般に「負けず嫌い」であるし、自分がうまくいかないときでも、諦めずにさらにチャレンジしていく。そういう人ほど地位は高くなるし、収入も多くなるのである。

小さな失敗など、いちいち気にせずに笑い飛ばしてしまえばいい。あるいは、「ようし、逆に燃えてきたぞ！」と自分を発奮させるのもいい。「ああ、もうダメだ」と意気消沈しないことが大切である。

競争に勝ちたいという意欲を持っている人は高収入

女性は、男性に比べると稼ぎが少ない。これは事実である。もちろん、「女性だから」という理由だけで不当に給料が低かったり、女性だからという理由で出世が邪魔されたりすることは、あってはならないことである。

しかし、女性が男性に比べて稼ぎが少ないのは、そもそも男性と女性では、競争することに対する意欲が違う、ということも考慮しなければならない。

男性は、女性に比べると、「テストステロン」という男性ホルモンがたくさん分泌される。このホルモンは、人を競争的にさせたり、意欲的にさせたりするホルモンなのだ。**男性が、女性に比べるとエネルギッシュに仕事をするのは、テストステロンの働きによる**のである。

ジョージア州立大学のジェームズ・ダブズは、セールスマン、消防士、医者、フットボール選手、教授、牧師など、さまざまな職業で働く人から唾液《だえき》を採取し、テストステロン量を調べてみたことがあるのだが、分野を問わずに成績がいい人ほど、テストステロン量が多いことがわかった。つまり、男性的だったのである。

男性は、たしかに女性に比べると給料を多くもらっている。

しかし、それは、**男性のほうが女性に比べると、エネルギッシュにバリバリ働いているから、**というのもあるのではないだろうか。

男性は、女性に比べると、テストステロンの働きによって競争するのも大好きであるし、「負けてなるものか！」という意欲も強い。男性と女性で出世競争をしたら、当然、男性のほうが有利なのは、そのためである。

女性に多く分泌される、「エストロゲン」という女性ホルモンは、人にやさしさを与えるホルモンである。女性が競争を避けて社内の和を大切にしたりするのは、女性ホルモンの働きによるのである。

もちろん、女性にだって、テストステロンがたくさん分泌されている人は、男性と同じように負けず嫌いだし、競争も大好きだ。

ウェイン州立大学のキャサリン・カーシュマイヤーが調べたところ、女性でも「男っぽさ」のテストで高得点だった人は、たくさんの収入を稼いでいたという。

男性と女性で比べると、たしかに女性のほうが給料は低い。しかし、それは性別によって不当に差別されているというよりは、テストステロンの影響で、男性のほうが競争に向いているという事実にもよるのである。

「成功体験」がなくても、仕事で成功することは可能

自分に自信をつけるためには、とにかくどんなことでもいいので何かひとつ「成功体験」を持つべきだ、と言われている。ビジネス書にも、そんな感じのことが書かれていることもある。

たしかに、一度でも成功した体験があれば、「自分にだって、できるんだ！」という気持ちが強化され、それが自信につながるということはあるだろう。

ドイツの名将ロンメル将軍は、新兵を戦闘に送り出すときには、初戦は必ず勝てそうな相手を選んでぶつからせた、という話が残されている。新兵は、勝つことの味を覚えることによって自信をつけていく。

営業マンもそうで、新人のうちには、とにかく契約がとれそうなお客を相手にするのがよいとされている。何度も何度も面白いように契約がとれれば、それが成功体験になって営業に対する自信をつけることができるからだ。

なるほど、成功体験を持てれば、仕事に対して自信も持てるであろう。

では、成功体験を持てないと、自信も持てないのかというと、そんなことはない。

「私なら、最後までやれる！」

「私なら、絶対に成功できる！」

という自信は、何も裏づけのある成功体験からしか生まれないものではない。**本人が何度も自分に言い聞かせていれば、しっかり自信はついてくる。**

フロリダ大学のジョン・カマイヤー・ミューラーは、新卒の若者１７６５名に対して、７年間の追跡調査を行なったことがある。

ミューラーは、成功体験があるから自信がついてくるのか、それとも自信があるから仕事もうまくいくのか、という問題に興味を持って調べてみた。

その結果、自信のほうが「先」で、成功体験のほうは「後」からついてくるという順番であることが確認された。

成功体験がなければ自信が生まれないのかというと、それは順番が逆さまである。**自信**

がまずあるからこそ、成功に結びつくのである。

ミューラーによると、「私は自分に自信がある」と答えた人は、その後の7年の調査期間中に、出世もしていくし、収入も高くなっていくそうである。それぞれの人がどれくらい自分に自信を持っているのかの度合いを測定すれば、将来的な出世と収入も予測できるとミューラーは指摘している。

たしかに成功体験があれば、仕事に対して自信を持てるようになるのかもしれないが、なければ絶対にダメなのかというと、そんなことはない。

「私なら、できる！」とたえず自分に言い聞かせよう。そうやって自己暗示をかけていれば、少しずつ自信はついてくるものだし、仕事もうまく回るようになるだろう。

儲けたいなら、ひとつのことに集中せよ

お金持ちになる人は、本業以外のことに手を出さない。経営者の中には、いろいろな仕事に手を出して成功している人もいるが、それはあまりオススメできないやり方だ。

仕事がひとつだけならば、その仕事にすべての労力とエネルギーを費やすことができる。ところが、２つ、３つと仕事が増えてくれば、当然、それぞれにエネルギーが分散されてしまう。これでは、どの仕事も中途半端になってしまって、結局はどの仕事も失敗する。

ビジネス戦略のひとつに、「ランチェスターの理論」というのがある。もともとは軍事における理論だったのだが、コロンビア大学のクープマン教授（数学）らのチームによってさらに洗練され、「ランチェスターの理論」となった。この理論のポイントは、３つある。一点集中の徹底、弱い者いじめ、ナンバーワン主義の３つだ。

一点集中の徹底というのは、戦力を分散させずに、ひとつに力を注げという理論である。仕事では本業に力を入れるべきであって、副業や不動産投資など、余計なことをするな、という意味になる。弱い者いじめというのは、自分のほうを有利な立場に置いてから勝負せよという法則で、ナン

バーワン主義というのは、ナンバーワンになれない部門はさっさと切り捨ててしまえ、という法則である。

ひとつのことに力を注げば、それだけうまくいく可能性は高まる。中途半端に、あれもこれもと手を出すから失敗するのだ。

私は、あまり株をやらないので詳しくはないのだが、株で儲けるときにも、いろんな銘柄をまんべんなく買おうとするのは、一番損をするやり方らしい。リスクは分散されるかもしれないが、手にする利益が減ってしまうというのだ。

お笑い芸人のときには年収2万円（月収でなく年収2万円！）という極貧生活をしていた井村俊哉さんは、「成長株に集中投資する」というスタイルで資産を1億円以上にしている（『日経トレンディ』2018年10月号）。株で儲けようとするのなら、一気に儲けてさっさとやめてしまうのがいい。ギャンブルもそうで、一回きりの大博打をして大金を手にしたら、そこでやめてしまうのが賢いやり方だ。

少し脱線してしまったが、仕事で成功する極意も同じで、余計なことをあれこれとやろうとしないことである。

複数のことをあれこれやろうとすると、どうしてもパフォーマンスは落ちてしまう。よほど器用な人であれば、二足の草鞋《わらじ》をはいても大丈夫なのかもしれないが、たいていの人はそうではない。「これだ！」というものをひとつに絞って、そこに全精力を注ぎ込むのが成功する方法である。

CHAPTER 6

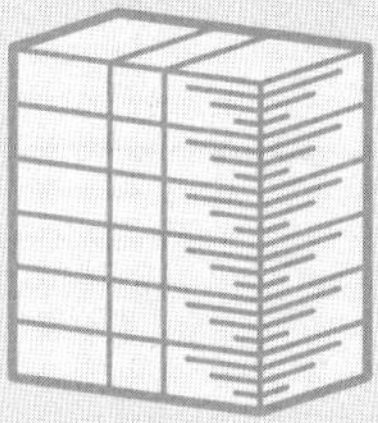

「その他大勢」から一歩抜け出せ！

絶対にお金持ちになるための心理法則

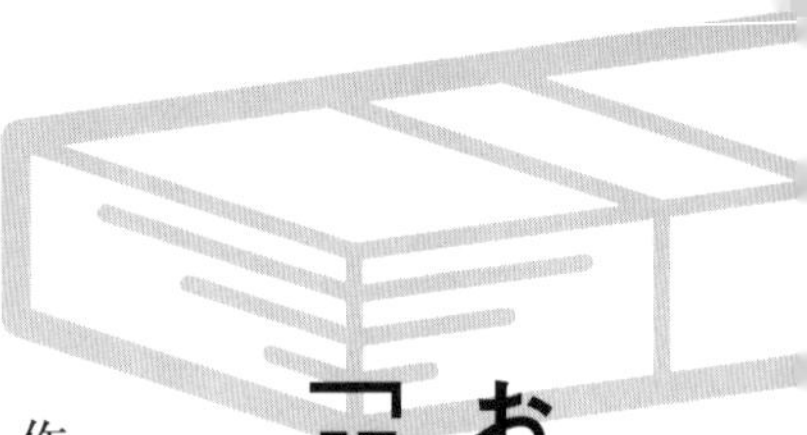

お金持ちになりたいなら、「記録」をとれ

資産1億円以上を築いた実業家たちを調べてみると、その多くが「金持ちになるノート」作りをしているそうだ（『BIG tomorrow』２０１３年7月号）。人によって、呼び方が少しずつ違うこともあるようだが、一体「金持ちになるノート」とはいかなるノートなのか。とても興味が惹かれるところだが、何か特別なノート作りをしなければならないのかというと、そんなことはない。実践するのも、そんなに難しくはない。だれにでもすぐにできてしまうのが「金持ちになるノート」である。

ではやり方をお教えしよう。普通のノートを買ってきて、1日に1ページ、その日自分が使ったお金を書き込んでいくだけ。これだけである。これが「金持ちになるノート」だ。

「なあんだ、たったそれだけ……」と思うであろう。

しかし、たったこれだけのことなのに、心理学的にはものすごく効果があると断言してよい。

使ったお金の記録をとれば、自分が使ったお金を「見える化」することができる。ノートをペラペラとめくれば、自分が毎日どれくらいお金を使うのか、一週間では何曜日にたくさんお金を使うのか、一ヶ月ではトータルでどれだけムダなお金を使うのか、ということがはっきり認識できる。

使ったお金の記録をとるようにすると、潜在意識の中に、「無駄遣いしない回路」もできてくる。後で記録をつけることを考えると、「無駄遣いするのをやめておこうかな」というブレーキが自然にかかるようになるのだ。

しばらく前に、「レコーディング・ダイエット」というのが流行《はや》った。毎日、自分が食べたものを記録（レコーディング）していくだけ、というシンプルなダイエット法なのだが、意外に効果的だったという話を聞く。これも同じだ。

特に運動をするとか、食事制限をすることをしなくとも、食べたものの記録をとるようにすると、いつの間にか間食をしなくなるというのは、心理学的にも、「たしかにそうなるだろう」と言える。

自分の行動を変化させたいのなら、記録をとってみるのがいいアイデアだ。心理学では、これを**「セルフ・レコーディング法」**と呼んでいる。

ヒューストン大学のジェニファー・フリッツは、首を左右に動かしてしまうクセのある男性に、首を動かすたびに記録をとらせるだけで改善させた、という報告を行なっている。ただ記録をとるだけで、私たちは行動を改めることができるのだ。

無駄遣いするかどうかも、やはり行動習慣であるという点では同じなので、記録をとるようにすると、自分の行動を変化させるのに役立つ。

自分でも気づかないうちに、どんどん財布からお金がなくなるな、と感じている人に、ぜひ「金持ちになるノート」作りをオススメしたい。記録をつけるという、ただそれだけのことで、無駄な出費はずいぶん抑制されるはずだ。

「時間の無駄遣い」だけは絶対にするな

時間というものは、だれにでも等しく毎日24時間が与えられている。だが、その使い方で、お金持ちになれるかどうかが決まる。お金持ちになれない人は、無駄なことにばかり時間を費やしている。これは非常にもったいない。

午堂登紀雄さんは、『お金がどんどん増える人 お金がたちまち消える人』（学研）という本で、つまらない時間の使い方をしている人がいかに多いのかという事例をたくさん紹介している。多くの人がお金持ちになれないのは、つまらない時間の使い方をしているからだというのだ。

たとえば、フェイスブックやツイッターなどのＳＮＳ関連に費やす時間。フェイスブックを活用した集客マーケティングをやっていて、年収３０００万を稼いでいる人なら、フェイスブックに時間を投下することは、立派な投資行為だ。

しかし、それ以外の仕事をしている人にとっては、フェイスブックなどをやっても１円にもならない。まったくの時間の無駄遣いだと午堂さんは述べている。

毎日のメールチェック、ネットサーフィンなども、「これって、本当に必要？」という意識を持ったほうがいい。時間をだらだらと無駄にしていないかどうか、もう一度、自分の生活を振り返ってみよう。

国税庁の「民間給与実態統計調査」によると、２０１８年のサラリーマンの平均年収は約４４０万円。年間実労働時間は、厚生労働省などのデータによれば約１８００時間。時給にするとだいたい２５００円になる。

メールチェックに１時間かけると、２５００円の価値を失っていくことに等しいのだ。これは、ものすごくもったいない話ではないだろうか。

飲み会もそうだ。１次会は付き合ってもいいが、２次会、３次会は本当に必要なのだろうか。そういう意識はたえず持っていなければならない。１時間あたり２５００円を失うのであるから。

年賀状や暑中見舞いも同じだ。午堂さんの周囲のお金持ちは、だれも年賀状を出していないという。なぜかというと時間の無駄遣いだからである。それによって仕事の取引がなくなるのかというと、そういうこともないそうである。むしろ年賀状を出さないことで、相手にも返事を書くという負担をかけずにすむから、現代流の心配りになる。

カナダにあるクイーンズ大学のジュリアン・バーリングは、カナダ全土の自動車ディーラーからランダムに60社を選んで、どんなセールスマンほど売上げを上げているのかを調べてみたことがある。

その結果、成績のいいセールスマンは、「タイム・マネジメント」(時間管理)がうまいということがわかった。**お金を稼ぐセールスマンは、毎日何をするのかのリストを決めてから仕事に取りかかる、スケジュール管理をする、毎日の到達度をチェックする、今やっていること以外のことは机の上に置かない、年間目標を立てる、全体の枠組みを考えてから行動する、といった時間の使い方をしていた**のである。

だれに対しても与えられた時間は等しく24時間。しかし、それをどう使うかで、まったく違う結果になっていく、という意識を持とう。

「稼げる職業」と「稼げない職業」では、収入はこんなに違う

お金を稼ぎたいのなら、平均的に稼ぎの多い業種で働くのがいい。**どんなに頑張ってもそれほど稼げない職業、普通にやっていてもたくさん稼げる職業というものがある**からだ。

マイナビが行なった２０１９年度版「業種別モデル年収平均ランキング」（全１０８業種）によると、１位は、「外資系金融」で１３１５万円、２位は「不動産」で７５１万円、３位は「専門コンサルタント」で７１６万円、４位は「生命保険・損害保険」で６９９万円、５位は「証券・投資銀行」で６９６万円であった。

もちろん、人によって年収は大きく変わるとは思うのだが、それでも平均的な稼ぎがどれくらいなのかの目安にはなる。これらの業種は、「稼げる業種」と言ってよい。もちろん、「現在のところ」はそうなのであって、10年後、20年後にもそうだという保証はないけれども、少なくとも今のところはこういう業種で働いていれば、多くのお金を手にすることができるだろう。

いくら自分が好きだからといって、そもそもそれほど稼ぐことができない仕事についてしまうと、どうしても年収は低くなる。

たとえば、「私は玩具が好きだから」という理由で、オモチャ業界に就職した人がいるとしよう。では、マイナビの調査でそういう業界は何位かというと、１０４位で年収は４２３万円である。

もちろん、自分が大好きな仕事ができるのなら年収など少しくらい低くとも満足だ、というのであれば、それでかまわない。

しかし、**世の中には「そもそもそれほど稼げる職業ではない」という仕事がある**のであって、そのことはよく認識しておきたい。

スタンフォード大学のチャールズ・オーレイリーは、スタンフォードのＭＢＡコースを卒業した人たちの追跡調査を行なって、学生時代に頭がよく、しかも勤勉で、頑張り屋だった学生ほど、卒業後には高給を取り、しかも昇給率も高い、というデータを得た。

しかし、オーレイリーがさらに調べてみると、もともとマジメだった学生は、「職探し」も熱心にしていたのだ。つまり、彼らは就活で成功して、稼げる職業、稼げる企業に就職していたのである。稼ぎのいい仕事に就職できるほど、高給が得られるのは論を待たない。もちろん、私は、「稼ぎのいい仕事に転職しなさい」などとはアドバイスしていない。いくら「外資系金融」がもっとも稼ぎのよい業種であっても、それでもやはり、自分が好きになれそうとか、一生続けられそうとか、やっていて楽しそう、ということを考えたほうがいいと思うからである。

いくらお金が稼げても、「自分はあまりそういう仕事をしたくない」というのであれば、いくらお金を稼げても不満は大きくなる。それよりは年収が低くとも、本人が満足できるという仕事が一番であるということも付け加えておきたい。

「新しいやり方」や発想を大歓迎する姿勢が大切

お金持ちになる人は、基本的に、発想が新鮮で、新しいことが大好きだ。古い考えに固執することはない。今まで通りのやり方をしていたら、そんなにお金を稼ぐことができないということを本能的にわかっているのかもしれない。

昔の人は、きちんと手にとって中身を確認してからでなければ、お客は商品を買うことはないだろう、と考えていた。しかし、この考えが間違っていることは、ネット販売大手のアマゾンが証明している。

今でこそアマゾンはあらゆるジャンルの商品を扱っているが、もともとの出発はネット書店。お客は、本の中身を立ち読みしてからでないと絶対に買わない、というのは単なる間違った思い込みであることをアマゾンの成功が物語っている。

昔ながらのやり方のほうがいいのだ、という考えの人はお金持ちになることはない。

新しいことを大歓迎して、どんどん革新的な試みをしていくからこそ巨万の富を手にすることができるのである。

ノートルダム大学のスコット・シーバートは、2781名の卒業生のうち、フルタイムで働いている人だけを対象に分析をしてみたことがあるが、2年間での昇給率が高い人ほど、新しいことをやっていることがわかったという。

組織の中でも、「ここは変えたほうがいい」という点に気づいたら、どんどん上司に提案していく。そういうイノベーションを積極的にやる人ほど、上司にも評価され、昇給率が高くなるのだとシーバートは指摘している。

また、たくさん稼ぐ人には、「たえず自分のスキルをアップデートするように心がけている」という特徴もあった。古いやり方にしがみついているだけでは、よくて現状維持しかできない。たえず、新しい取り組みをしていかなければ、お金は稼げないのである。

「でも会社の中で新しいことをやろうとすると、たいてい反対されちゃうんですよ」と不満を感じている人も多いであろう。

もしそうなら、会社には内緒で、こっそりと新しいことを始めてみるのはどうだろうか。自分ひとりで、あるいは賛同してくれる数人で集まって、非公式のプロジェクトを勝手に発足させてしまうのだ。

ハーバード大学のロバート・キーガンらの『あの人はなぜウンと言わないのか』（朝日新聞社）は、こういう取り組みを、「スカンクワーク」と呼んでいる。世の中には、会社に内緒にこっそり始めて大成功した事例が、山ほどあるそうである。

どうしても会社がそれを認めないというのであれば、自分で会社を立ち上げてもいいだろう。

アメリカの大統領選挙にも立候補した実業家のロス・ペローは、もともとＩＢＭのセールスマンだった。

得意先をまわっているとき、「お宅のコンピュータで、経理業務のアウトソーシングをしてくれないか」と注文を何回も受けたので、ペローは上司にこれを仕事にすべきだと何度もかけあった。けれども、会社は認めてくれない。「それなら」とペローは自分で会社を立ち上げて、大金持ちになったのである。

古いやり方や仕事にこだわっていてはダメだ。**たとえ前例がなかろうが、だれもやったことのない仕事であろうが、積極的にやっていこうという姿勢が大切**である。

上に這《は》い上がっていけるかどうかは、自分次第と心得よ

「私には、資産家の親がいないので、お金持ちになれません」
「私は、家庭が貧乏で学校に行かせてもらえなかったので、お金持ちになれません」

自分がお金持ちになれない原因を、親であるとか、育った環境のせいにする人がいる。**「自分がお金持ちになれないのは、○○のせい」と、自分以外の何かの責任にしているうちは、その人はお金持ちにはなれない。**なぜなら、「家庭が貧乏だった」ということを口実にして、努力しようという気持ちを持てなくなるからだ。

お金持ちになる人は、どんな境遇からでも、自力で這い上がっていこうという前向きな姿勢を持ちつづける。未来の自分は自分の力でなんとでもできる、と考えている人ほど、お金持ちになれるのである。

ある人物のエピソードを紹介しよう。

若い父親が、妻とまだ赤ん坊の息子を捨てて出て行ってしまった。妻と息子は、大変に貧しい生活を強いられることになった。息子が6歳になったとき、母親は再婚した。けれども、その結婚もわずか数年で破たんしてしまい、母と息子、それにまだ幼い妹は、親せきの家でご厄介になって育てられた。

普通に考えれば、この息子も不良になったりして、つまらない人生を歩むことになりそうである。非常に恵まれない家庭で育ったのだから、心が歪《ゆが》んでもおかしくはない。

しかし、この息子は違った。母親はいつも夜明け前に息子を起こして、しっかり勉強を教えた。また、自分を信じて自分の人生を切り開いていくことの大切さを教えた。そのため、とても条件の悪い家庭ではあったが、この息子は、自力で人生を切り開いていくことができた。この息子こそ、アメリカ第44代大統領バラク・オバマである。

お金持ちは、決して言い訳をしない。

たとえ、言い訳できるような環境だったとしても、「自分はどうすればいいか」を考える。言い訳をしているうちには、人は成長できない。どうしようもない境遇だったとしても、それでもまだ自分にできることを考えて、実行するのである。

会社もまた、言い訳をしているような会社ほど伸びない。

ミシガン大学のフィオン・リーは、14の企業の年次報告書を24年分調べて、年次報告書の中で、「工場の爆発事件は仕方がないことだった」とか「ドルの価値が下がったので業績が悪化したのだ」と、外的な要因に責任をなすりつけるような書き方をしている企業は、その1年後の株価が下がっていることがわかった。

逆に、「工場の爆発事件は人災である」と責任をしっかりと認めるような会社ほど、1年後の株価は上がっていたそうである。

責任転嫁している会社は、株主からもそっぽを向かれてしまうようだが、人間についても同じだ。「私は悪くない。悪いのは○○だ」と責任転嫁しているような人は、決してお金持ちになれることはないのである。

できるだけ具体的に金持ちになる「設計図」を描く

お金持ちは、お金持ちになるためのプロセスを、ものすごく詳細に、具体的な「設計図」として描いている。

ただ漠然と「お金持ちになりたいな」と考える人は多いと思うのだが、それではダメである。**できるだけ具体的に、明日からでも実行できるくらいに、細かくプランをたてなければ、最初の一歩すら踏み出すことができない。**

自動車のナビでは、目的地までの詳しい道筋が示される。大雑把に目的地が提示される、ということはない。大雑把な目的地を示されても、具体的にどう行けばよいのかがわからないからである。目的地までの道筋がしっかり示されるからこそ、私たちは安心してそのナビを信じて出発することができるのだ。

お金持ちにインタビューをすると、たいていしっかりとした「設計図」を描いていることとがわかる（『BIG tomorrow』２００８年9月号）。どうやってお金を貯めていくのか、きちんとしたルール作りをしているのだ。だからお金も貯められるのである。

たとえば、「自動車を持たないようにすると、1年間ではこれくらいの貯金ができるな」とか、「タバコをやめれば、月にこれだけのお金が浮くな」という計算をしっかりやりながら、何歳までにいくら貯める、そのためにはこれこれのことをする、という明確な設計図を持っているそうである。

　ソフトバンクの孫正義さんは、「20代で創業し、30代で最低1億円を貯め、40代でひと勝負かける」という明確な見取り図を描き、そのために、一日1件の発明をノルマとして自分に課したといわれている（本田有明著『「できる人」の読書術』グラフ社）。ただ漠然と、「お金持ちになりたいな」と思っているだけではダメなのだ。

目的地までの設計図ができれば、あきらかに行動は変わってくる。

目的地が意識化されていると、その目的地に効率よくたどり着くための行動をとろうという気持ちになれるからだ。

　あるとき、私が仕事を終えて駅に向かってのんびり歩いていると、若いＯＬさんが時計をチラチラと見ながら、ものすごい速さで私を追い抜いていった。

私はすでに仕事が終わっていたので特にこれといった目的地はなかったのだが、彼女には、おそらくだれかと会うために何時までにどこかに着かなければならないという目的があったのであろう。目的地がある人とない人とでは、行動はあきらかに違ってくるのだなと感じさせるできごとだった。

米国パーデュ大学のロジャー・ウェアは、自分の目標やプランをはっきりさせるというトレーニング（「明確化訓練」という）を受けさせると、受けさせなかったグループに比べて、「タイム・コンピテンシー」（時間の使い方のうまさにかかわる能力）が高まったという報告をしている。

まずは明確にお金持ちになるための自分なりの目的地を設定し、その目的地に到達するための設計図を描いてみよう。設計図さえできてしまえば、私たちの行動は自然に変わってくる。

悩みや問題を感じることが、ビジネスチャンスを生み出す

自分が悩んだり、問題に感じることがあれば、それをビジネスチャンスにできる。なぜなら、自分が悩んでいるということは、同じような悩みを抱えている人はほかにもたくさんいるということだからである。

発明家の津久田喜代枝さんは、自分が悩んでいることを解消するための発明をすることによって、1億円以上の資産を築いている（『宝島』2005年6月号）。

津久田さんによると、発明家は、ただ珍しいアイデアを出していればいいのかというと、それは違うという。発明とは、「売れるものを考える」ことであって、たいていの「売れるもの」とは、人の悩みを解消してくれる商品なのである。

津久田さんは、自身も腰痛に悩んでいた。「同じような悩みを抱えている人は多いはず」と考えて、腰痛を軽くするサポーターを発明した。この商品は爆発的に売れた。また、痩せたいと思う人も多いだろうと考えて、シェイプアップサポーターも発明した。これもや

はりものすごく売れた。

不平や不満、悩みを感じたら、それをビジネスチャンスに生かせないかどうかを考えてみよう。

「不満だけど、まあ仕方ない」ではなく、「どうすれば不満を解消できるのか」を考えれば、それがそのままビジネスチャンスになるはずだ。

グレース・マレー・ホッパーという女性がいる。彼女は、コンピュータのコードが、数字だけで書かれていることが、とても不満だった。コードを書くのも、書かれたコードの誤りを見つけるのも、数字の羅列では、きわめて退屈で面倒くさいと感じていたのである。「どうにかならないのかな?」と考えたホッパーは、数字の羅列ではなく、英語の言葉に転換できるようなプログラム言語を作った。このプログラミング言語COBOLの発明によって、ホッパーは、「コンピュータ・サイエンス」誌の第一回「マン・オブ・ザ・イヤー」の受賞者となった（デイヴ・マーカムほか著、『ビジネス・シンク　仕事で成功する人の8つのルール』日経ビジネス人文庫）。ホッパーの発明によってプログラミングの世界が大きく変わったことが表彰の理由だ。

ハーバード大学のテラサ・アマビルが21の組織から約３０００名に、「創造性」を測定するテストを受けてもらったところ、創造性が高い人ほど、自由な発想の持ち主であることがわかったという。

いくらバカげていると思っても、「こんなのはバカげている」とすぐに発想を一蹴してしまうのではなく、自由に考えることが創造性を高めるようである。

悩みがあるときには、我慢するのではなく、ほかの人も同じ悩みを持っていると考えて、その悩みを解決する方法を考えてみよう。その解決法が、いくらバカげているように思えても、同じ悩みを共有する人にとっては、絶対にありがたいと感じてもらえるはずだ。

「頭のよさ」より、「粘り強さ」を鍛えろ！

シカゴ大学のジェームズ・ヘックマンが、1万4000人を超える若者を対象にして、30歳時点での賃金（時給）を調べてみたことがある。

その結果、賃金を予測する上では、「頭のよさ」（学校のテストで測ることができるもの）もたしかに重要な要因であった。

しかしそれ以上に重要だったのが、学校のテストでは測ることができない要因であった。特に、「モチベーションの高さ」や「粘り強さ」が、賃金を予測するのにとても役に立つ要因であることがわかったという。

いくら学校の成績がよくとも、本人のモチベーションが低かったら、お金を稼げるようにはならない。

また、いくら学校の成績がよくとも、粘り強く、辛抱強く物事に取り組む、ということができないタイプなら、やはりどんな仕事でも成功することはできない。
「もう投げ出したい」と思っても、そこからさらに「もうちょっとだけ頑張ってみるか」「あと30分だけ頑張ってみよう」と思えるかどうかで、お金持ちになれるかどうかが決まるのである。

どんな仕事も、目に見える成果があがるまでには、どうしても忍耐強く、粘り強くやらなければならない。そんなに頑張っていないのに、目に見える成果がポンポンとあげられる、という仕事はない。

たいていの仕事は、歯を食いしばって、耐えに耐えて、ようやくといった感じで成果がじわじわと出てくるのが普通だ。そういう苦難を通り越さないと、成功にはたどり着けない。だからこそ、「粘り強さ」が重要になってくるわけである。

とはいえ、ただ「根性で、頑張れ！」式のアドバイスをするだけでは、読者のみなさんも実践できないと思うので、とても役に立つ方法をひとつお教えしよう。

日々の業務の中で、「ああ、もうイヤだ！」と仕事を投げ出したくなったとしよう。こんなときには、すかさず**甘いものを摂る**のだ。ひと口チョコレートを食べたり、甘いココアを飲んだりするのである。

するとどうだろう。先ほどまで、「もう疲労困憊《こんぱい》で逃げ出したい」と思っていたのに、そういう気持ちが少しは薄らぐはずだ。「もうひと頑張りするか」という気持ちも持てるであろう。

オーストラリアにあるカーティン大学のマーティン・ハガーは、ぶどう糖を摂らせると人は我慢強くなるということを実験的に確かめている。

コップに入ったぶどう糖溶液を摂らせたグループと、摂らせていないグループに、ハンドグリップをできるだけ長く握らせるという作業をやらせると、ぶどう糖を摂らせたグループのほうが長く我慢することができた、というのだ（約35秒と約25秒）。

ぶどう糖を摂ると、わずかではあっても人は我慢強くなれる。そんなことも覚えておくと、「もうひと頑張り」するときに役立つはずだ。

「１００％確実な金脈」はどこにあるのか？

「ここを掘れば、絶対に金脈が見つかるんですよ」と言えば、読者のみなさんもぜひその金脈のありかを知りたいと思うであろう。

「どうせそんなのはウソでしょ」と思われるかもしれないが、本当にそういう金脈があるのだ。ただ、ほとんどの人はそれを知っているのに、掘ろうとしていないのである。

その金脈とは、人脈。

人脈を深めるのは、金脈を掘っているのと同じである。だからこそ、人付き合いに精を出すことは、お金持ちになるためには絶対的に必要なことだと言えるのだ。

本田健さんは、講談社の協力を得て、１０００万円以上の税金を納めた高額納税者１万２０００人にアンケートを配布し、１０００名からの返答を得た結果を分析したことがある（『普通の人がこうして億万長者になった』講談社）。

かつては国税庁が高額納税者を公示する制度があったので、こういうこともできたのである。残念ながら２００６年にこの制度は廃止になってしまったのだが。

このアンケートの中で、「人脈は金脈だ」ということがはっきりわかる質問がある。

「あなたは何人に応援されていると感じま

すか？」という質問だ。

年収が１０００万未満のビジネスオーナーでは、この質問に対して、「１００人以上」と答えたのが１％しかいなかったのだが、年収３０００万円以上のビジネスオーナーでは、なんと20％もいたのである。自分を応援してくれる人が１００人以上もいるというのは、まさにそれだけ人脈が広いということにほかならない。

オハイオ州立大学のオーレリー・チャイルズも、やはり人脈がお金を稼ぐ上で大切であることをあきらかにしている。

チャイルズは５５５名の不動産販売員に年収を教えてもらい、年収を予測する上で、どんな要因が大切なのかを調べてみた。

その結果、「社会的志向」という要因が重要な予測要因であることがわかったのである。

社会的志向というのは、「よく電話がかかってくる」「集まりが好き」「人といると元気になる」「知らない人にも自分から話しかける」といった質問項目からなる要因である。これらの項目に、「イエス」と回答することが多い人ほど、年収は高かったのだ。

販売員の場合、お客さまと接することが多ければ多いほど、商品を買ってもらったり、契約を結んでもらったりする可能性は高くなる。お客に会えば会うほど、チャンスは増えていくのであり、まさに人脈は金脈である。

本当に優秀な販売員になると、自分では

セールスをしていないのに、お客さまのほうが紹介という形で、ほかのお客さまをどんどん引っ張ってきてくれたりする。自分でセールスをしなくてすむのだから、これは大変にありがたい。

　みなさんのまわりにも、金脈はいくらでもごろごろと転がっている。

　人脈こそが金脈なのであるから、どんどん人脈を深めよう。相手がだれであっても問題はない。人というのは意外なところで結びついているものであり、お金がなさそうに見える人でも、意外な大物と学生時代の同級生であるとか、同郷であるとか、意外な知り合いであるということもあり得るからである。

あとがき

本書を執筆するにあたり、「お金持ちになる方法」をテーマにした資料を集めることになったのだが、非常に大変であった。というのも、ほとんどの本が「株や投資」に関連するものだったのである。雑誌の「お金持ち特集」なども調べてみたのだが、やはり株や投資に関する記事が多かった。

本書では、わずかに株や投資についても触れたが、私は別に株の専門家でもないし、投資の本を書きたいとも思わなかった。もっと一般的に、普通のサラリーマンが日常の仕事をしながら実践できるような内容の本を執筆したいと思っていた。

そのため、マネーゲームのようなやり方でお金を稼ぐのではなく、一生懸命に働くことでお金を増やしていく、というごくありふれたやり方の紹介のほうが多くなってしまったように思う。

私は、どうも性格的に、「濡れ手に粟《あわ》」という感じでお金を稼いでいくことに違和感がある。油まみれになって一生懸命に自動車の修理をしながら働いている父親の後ろ姿を見て育ったからであろうか。マネーゲームを否定するつもりは毛頭ないのだが、私はそういう本は書きたくなかった。

「もっと手軽にお金をボンボン増やす方法を知りたかったのにな……」という読者には申し訳なかったと思うが、書店にいけばそういう投資の本はいくらでも見つかる。より簡単にお金を稼ぐ方法を知りたい人には、それらの本をお読みいただきたい。

本書は、あくまでも心理学者が書いた、心理学の本である。

ほとんどすべての項目に、心理学のデータが紹介されているのはそのためである。

「なるほど、心理学では、こんな感じで研究が進められているのだな」ということをわかっていただき、お金を稼ぐことだけでなく、心理学という学問にも興味を持っていただければ幸いだ。

さて、本書の執筆にあたっては、廣済堂出版編集部の伊藤岳人さんにお世話になった。この場を借りてお礼を申し上げたい。伊藤さんには、雑誌の特集記事を集めてもらうなど、大変な手間をかけていただいた。そのぶん、非常によい本が執筆できたと思う。これはすべて、伊藤さんのおかげである。感謝したい。

最後までお読みくださった読者のみなさんにもお礼を申し上げたい。ありがとうございました。みなさんがどんな業種で働いているのかはわからないが、お金持ちになるための法則は、とにかく頑張って一生懸命に働くことであることに変わりはない。私も仕事の手を抜かずに頑張るつもりだ。読者のみなさんにも頑張ってほしいと思う。一緒に、お金持ちを目指しましょう。

最後までお付き合いくださり、本当にありがとうございました。

内藤誼人

Abele, A. E., & Spurk, D. 2009 How do objective and subjective career success interrelate over time? Journal of Occupational and Organizational Psychology, 82, 803-824.

Ainslie, G. 1975 Specious reward: A behavioral theory of impulsiveness and impulse control. Psychological Bulletin, 82, 463-496.

Amabile, T. M., Conti, R., Coon, H., Lazenby, J., & Herron, M. 1996 Assessing the work environment for creativity. Academy of Management Journal, 39, 1154-1184.

Ashenfelter, O., & Mooney, J. D. 1968 Graduate education, ability, and earnings. Review of Economic Statistics, 50, 78-86.

Barling, J., Kelloway, E. K., & Cheung, D. 1996 Time management and achievement striving interact to predict can sales performance. Journal of Applied Psychology, 81, 821-826.

Baum, C. L.Ⅲ., & Ford, W. F. 2004 The wage effects of obesity: A longitudinal study. Health Economics, 13, 885-899.

Baum, J. R., & Locke, E. A. 2004 The relationship of entrepreneurial traits, skill, and motivation to subsequent venture growth. Journal of Applied Psychology, 89, 587-598.

Biddle, J. E., & Hammermesh, D. S. 1998 Beauty, productivity, and discrimination: Lawyers' looks and lucre. Journal of Labor Economics, 16, 172-201.

Bowles, S., Gintis, H., & Osborne, M. 2001 Incentive-enhancing preferences: Personality, behavior, and earnings. American Economic Review, 91, 155-158.

Bracke, P., Christiaens, W., & Verhaeghe, M. 2008 Self-esteem, self-efficacy, and the balance of peer support among persons with chronic mental health problems. Journal of Applied Social Psychology, 38, 436-459.

Blickle, G., Schneider, P. B., Liu, Y., & Ferris, G. R. 2011 A predictive investigation of reputation as mediator of the political-skill/career-success relationship. Journal of Applied of Social Psychology, 41, 3026-3048.

Bozionelos, N. 2004 Mentoring provided: Relation to mentor's career success, personality, and mentoring received. Journal of Vocational Behavior, 64, 24-46.

Brunello, G., & D'Hombres, B. 2007 Does body weight affect wages? Evidence from Europe. Economics and Human Biology, 5, 1-19.

Cawley, J. 2004 The impact of obesity on wages. Journal of Human Resources, 39, 451-474.

Childs, A., & Klimoski, R. J. 1986 Successfully predicting career success: An application of the biographical inventory. Journal of Applied Psychology, 71, 3-8.

Croizet, J. C., & Claire, T. 1998 Extending the concept of stereotype threat to social class: The intellectual underperformance of students from low socioeconomic backgrounds. Personality and Social Psychology Bulletin, 24, 588-594.

Dabbs, J. M. Jr., deLaRue, D., & Williams, P. M. 1990 Testosterone and occupational choice: Actors, ministers, and other men. Journal of Personality and Social Psychology, 59, 1261-1265.

Day, R., & Allen, T. D. 2004 The relationship between career motivation and self-efficacy with protégé career success. Journal of Vocational Behavior, 64, 72-91.

Derfus, P. J., Maggitti, P. G., Grimm, C. M., & Smith, K. G. 2008 The red queen effect: Competitive actions and firm performance. Academy of Management Journal, 51, 61-80.

Diener, E., Nickerson, C., Lucas, R. E. & Sandvik, E. 2002 Dispositional affect and job outcomes. Social Indicators Research, 59, 229-259.

Drago, F. 2011 Self-esteem and earnings. Journal of Economic Psychology, 32, 480-488.

Dreher, G. F., & Ash, R. A. 1990 A comparative study of mentoring among men and women in managerial, professional, and technical positions. Journal of Applied Psychology, 75, 539-546.

Dunifon, R., & Duncan, G. J. 1998 Long-run effects of motivation on labor-market success. Social Psychology Quarterly, 61, 33-48.

Ein-Dor, T., Reizer, A., Shaver, P. R., & Dotan, E. 2012 Standoffish perhaps, but successful as well: Evidence that avoidant attachment can be beneficial in professional tennis and computer science. Journal of Personality, 80, 749-768.

Eriksen, S. & Goering, S. 2011 A test of the agency hypothesis in women' s cosmetic surgery usage. Sex Roles, 64, 888-901.

Forret, M. L., & Dougherty, T. W. 2004 Networking behaviors and career outcomes: Differences for men and women? Journal of Organizational Behavior, 25, 419-437.

Forster, J., & Seibt, B. 2004 Risky and careful processing under stereotype threat: How regulatory focus can enhance and deteriorate performance when self stereotypes are active. Journal of Personality and Social Psychology, 87, 38-56.

Frieze, I. H., Olson, J. E., & Good, D. C. 1990 Perceived and actual discrimination in the salaries of male and female managers. Journal of Applied Social Psychology, 20, 46-67.

Fritz, J. N., Iwata, B. A., Rolider, N. U., Camp, E. M., & Neidert, P. L. 2012 Analysis of self-recording in self-management interventions for stereotypy. Journal of Applied Behavior Analysis, 45, 55-68.

Gelissen, J., & de Graaf, P. M. 2006 Personality, social background, and occupational career success. Social Science Research, 35, 702-726.

Graham, C., Eggers, A., & Sukhtankar, S. 2004 Does happiness pay? An exploration based on panel data from Russia. Journal of Economic Behavior & Organization, 55, 319-342.

Granzeboom, H. B. G., de Graaf, P. M., & Treiman, D. J. 1992 A standard international socio-economic index of occupational status. Social Science Research, 21, 1-56.

Hagger, N. S., & Chatzisarantis, N. L. D. 2013 The sweet taste of success: The presence of Glucose in the oral cavity moderates the depletion of self-control resources. Personality and Social Psychology Bulletin, 39, 28-42.

Hamermesh, D. S., Meng, X., & Zhang, J. 2002 Dress for success-Does primping pay? Labour Economics, 9, 361-373.

Hansen, W. L., Weisbrod, B. A., & Scanlon, W. J. 1970 Schooling and earnings of low achievers. American Economic Review, 60, 409-418.

Harrell, T. W. 1969 The personality of high earning MBA' s in big business. Personnel Psychology, 22, 457-463.

Heckman, J. J., Stixrud, J., & Urzua, S. 2006 The effects of cognitive and noncognitive abilities on labor market outcomes and social behavior. Journal of Labor Economics, 24, 411-482.

Judge, T. A., & Bretz, R. D. Jr. 1994 Political influence behavior and career success. Journal of Management, 20, 43-65.

Kalla, S. M., & Arora, A. P. 2011 Impulse buying: A literature review. Global Business Review, 12, 145-157.

Kammeyer-Mueller, J. D., Judge, T. A., & Piccolo, R. F. 2008 Self-esteem and extrinsic career success: Test of a dynamic model. Applied Psychology: An international review, 57, 204-224.

Kilduff, M., & Day, D. V. 1994 Do chameleons get ahead? The effects of self-monitoring on managerial careers. Academy of Management Journal, 37, 1047-1060.

Kirchmeyer, C. 1998 Determinants of managerial career success: Evidence and explanation of male/female differences. Journal of Management, 24, 673-692.

Lee, F., Peterson, C., & Tiedens, L. Z., 2004 Mea culpa: Predicting stock prices from organizational attributions. Personality and Social Psychology Bulletin, 30, 1036-1649.

Lilienfeld, S. O., Waldman, I. D., Watts, A. L., Rubenzer, S., & Faschingbauer, T. R. 2012 Fearless dominance and the U.S. presidency: Implications of psychopathic personality traits for successful. And unsuccessful political leadership. Journal of Personality and Social Psychology, 103, 489-505.

Lubinski, D., Benbow, C. P., & Kell, H. J. 2014 Life paths and accomplishments of mathematically precocious males and females four decades later. Psychological Science, 25, 2217-2232.

Marks, M., & Harold, C. 2011 Who asks and who receives in salary negotiation. Journal of Organizational Behavior, 32, 371-394.

McCann, S. J. H. 2014 Happy twitter tweets are more likely in American States with lower levels of resident neuroticism. Psychological Reports, 114, 891-895.

McClelland, D. C., & Boyatzis, R. E. 1982 Leadership motive pattern and long-term success in management. Journal of Applied Psychology, 67, 737-743.

Mobius, M. M., & Rosenblat, T. S. 2006 Why beauty matters. American Economic Review, 96, 222-235.

Murnane, R. J., Willett, J. B., Braatz, M. J., & Duhaldeborde, Y. 2001 Do different dimensions of male high school students' skills predict labor market success a decade later? Evidence from the NLSY. Economics of Education Review, 20, 311-320.

Olk, P. M., & Gibbons, D. E. 2010 Dynamics of friendship reciprocity among professional adults. Journal of Applied Social Psychology, 40, 1146-1171.

O' Reilly, C. A., & Chatman, J. A. 1994 Working smarter and harder: A longitudinal study of managerial success. Administrative Science Quarterly, 39, 603-627.

Orpen, C. 1996 Dependency as a moderator of the effects of networking behavior on managerial career success. Journal of Psychology, 130, 245-248.

Persico, N., & Postlewaite, A. 2004 The effect of adolescent experience on labor market outcomes: The case of height. Journal of Political Economy, 112, 1019-1053.

Peters, B. L., & Stringham, E. 2006 No Booze? You may lose: Why drinkers earn more money than nondrinkers. Journal of Labor Research, 27, 411-421.

Resister, C. A., & Williams, D. R. 1990 Wage effects of obesity among young workers. Social Science Quarterly, 71, 130-141.

Roberts, T. A., & Arefi-Afshar, Y. 2007 Not all who stand tall are proud: Gender differences in the proprioceptive effects of upright posture. Cognition and Emotion, 21, 714-727.

Salmela-Aro, K., & Nurmi, J. E. 2007 Self-esteem during university studies predicts career characteristics 10 years later. Journal of Vocational Behavior, 70, 473-477.

Seibert, S. E., Crant, J. M., & Kraimer, M. L. 1999 Proactive personality and career success. Journal of Applied Psychology, 84, 416-427.

Seibert, S. E., Kraimer, M. L., & Crant, J. M. 2001 What do proactive people do? A longitudinal model linking proactive personality and career success. Personnel Psychology, 54, 845-874.

Shanteau, J. 1992 competence in experts: The role of task characteristics. Organizational Behavior and Human Decision Processes, 53, 252-266.

Sharma, A., & Stafford, T. F. 2000 The effect of retail atmospherics on customer' s perceptions of salespeople and customer persuasion: An empirical investigation. Journal of Business Research, 49, 183-191.

Staw, B. M., Sutton, R. I., & Pelled, L. H. 1994 Employee positive emotion and favorable outcomes at the workplace. Organization Science, 5, 51-71.

Stone, J., Lynch, C. I., Sjomeling, M., & Darley, J. M. 1999 Stereotype threat effects on black and white athletic performance. Journal of Personality and Social Psychology, 77, 1213-1227.

Susin, A. R., Costa, P. T. Jr., Miech, R., & Eaton, W. W. 2009 Personality and career success: Concurrent and longitudinal relations. European Journal of Personality, 23, 71-84.

Trzesniewski, K. H., Donnellan, M. B., Moffitt, T. E., Robins, R. W., Poulton, R., & Caspi, A. 2006 Low self-esteem during adolescence predicts poor health, criminal behavior, and limited economic prospects during adulthood. Developmental Psychology, 42, 381-390.

Turner, C. F., & Martinez, D. C. 1977 Socioeconomic achievement and the Machiavellian personality. Sociometry, 40, 325-336.

Umberson, D., & Hughes, M. 1987 The impact of physical attractiveness on achievement and psychological well-being. Social Psychology Quarterly, 50, 227-236.

Waddell, G. R. 2006 Labor-market consequences of poor attitude and low self-esteem in youth. Economic Inquiry, 44, 69-97.

Ware, R. 1982 Effect of training to clarify values and manage time on feelings of time competency. Psychological Reports, 51, 781-782.

Wayne, S. J., Liden, R. C., Kraimer, M. L., & Graf, I. K. 1999 The role of human capital, motivation, and supervisor sponsorship in predicting career success. Journal of Organizational Behavior, 20, 577-595.

Webley, P., & Wilson, R. 1989 Social relationships and the unacceptability of money as a gift. Journal of Social Psychology, 129, 85-91.

Whitely, W., Dougherty, T. W., & Dreher, G. F. 1991 Relationship of career mentoring and socioeconomic origin to managers' and professionals' early career progress. Academy of Management Journal, 34, 331-351.

Wolff, H. G., & Moser, K. 2009 Effects of networking on career success: A longitudinal study. Journal of Applied Psychology, 94, 196-206.

Yang, B., Lester, D., & Wachter, S. 1990 Subjective stress and productivity in real estate sales people: A replication. Psychological Reports, 67, 738.

Zhang, Z., & Arvey, R. D. 2009 Effects of personality on individual earnings: Leadership role occupancy as a mediator. Journal of Business Psychology, 24, 271-

億万長者のすごい！習慣

資産・年収1億円の人に学ぶ「勝ち組」の心理戦術

2020年11月10日　第1版第1刷

著　　者　内藤誼人
発 行 者　後藤高志
発 行 所　株式会社 廣済堂出版
〒101-0052 東京都千代田区
神田小川町2-3-13 M&Cビル7F
電話　03-6703-0964（編集）
　　　03-6703-0962（販売）
FAX　03-6703-0963（販売）
振　　替　00180-0-164137
U R L　https://www.kosaido-pub.co.jp
印刷・製本　株式会社 廣済堂

ブックデザイン　はんぺんデザイン
本文DTP　株式会社 明昌堂

ISBN978-4-331-52314-8 C0095